大宇宙の総べてを司る

根《コン》元《ゲン》ノ䊷《カミ》のお導き

正《セイ》氣《キ》神《シン》道《トウ》 久《ジョウ》光《コウ》

中央公論事業出版

はじめに

正氣神道《セイキシントウ》は大宇宙の総《ス》べてを司る根元《コンゲン》ノ⿰礻光《カミ》、祆照⿰礻坐皇⿰礻大御⿰礻光《アマテラシマススメオオミカミ》さまの御心《ミココロ》により開教されました。

開教以前は業界総合新聞の記者として働いておりました。その時の形田社長が目が悪く治らず、合気道を一緒に行っていた社長の親友大野先生が、中野で神道を行っている進藤先生を紹介して下さいました。

そこで形田社長が大野先生と一緒に進藤先生の所に伺った際に、即座に「形田先生は伊勢神宮に登録済みですので、一日も早く伊勢神宮へ参って来て下さい。」と申されました。

そのため昭和四十二年十一月に形田社長と共に、初めて伊勢神宮へ参拝させて頂きました。伊勢神宮へ参拝して、三日目の明け方、大きな男性の声で「自分のために一心に祝詞をあげよ。」と聞こえびっくりして飛び起きました。

私がなぜ一心に祝詞をあげなければならないのか疑問に思い、私も進藤先生の所に連れていって頂きましたところ、「白い玉を持っているから汚さないように。毎月一人でも来て下さい。」と申されましたので、翌年の一月一人で伺いました。テーブルを挟んで私の前に進藤先生がお座りになり、「自然に声が出たら声を出して下さい。」と申され、古代語の祝詞をあげて下さった時に、胸のあたりがドキドキ波を打って熱くなるのを感じると、小さな声で「我は神なり我は神なり。」との言葉が自然に出てしまいました。これにはびっくりするも半信半疑でした。

進藤先生は「本物だ本物だ。」と喜んでおられましたが、何の事かこの時はさっぱり判りませんでした。それから進藤先生の家に行く度に自然と言葉が出て、進藤先生のお客様に対しても神のお言葉が一言二言伝えられるようになりました。

形田社長の前生《ゼンショウ》の方が厳島神社に願掛けしたままになっていると、行者さんに言われた事があり、社長はこの事が気になっていたので進藤先生に厳島神社迄行かなければならないかお聞きすると、江島神社でも願ほどきが出来ると教えて下さったので、社長を私の車に乗せて江島神社へ願ほどきに行きました。

海水浴では江の島に何度か行きましたが、江の島の中に神社があるとは、この時迄知りませんでした。

神社は三ヶ所あるとの事でしたが、何処にどう参ったら良いか判らず、まず奥津ノ宮にて願ほどきのお導きを行い、中津ノ宮にても願ほどきをお願いしておりますと神殿の奥がピカピカ光り、その瞬間、その光が私の頭のてっぺんからおへそのあたり迄入ってきて、何だろうと一瞬クラクラして茫然と立ちすくんでしまいました。

この事は今でも忘れる事はなく、私の御玉《ミタマ》の奥深くに残っております。

気を取り直して辺津《ヘツ》ノ宮での参拝を終えて帰路に着きましたが、またもや車の運転中なのに、突然「我は平将門の兄。」と云う言葉が出てしまいましたので、即座に「運転中です。帰ってからお聞きします。」と申して帰って来ました。

お言葉の出たお方は、形田社長の前生平将門のお兄さまで、厳島神社に願掛けした願を解いて頂いたお礼に参ったとの事でした。

この時龍救《リュウヘン》として神学びを行っておられる事も知りました。

この事があってから、取材や原稿書きが終わって仕事から帰る時に、事務所に祀《マツ》られている神棚に向かって御挨拶すると、胸のあたりが波打ってお言葉が出て来ました。

毎日毎日少しずつ出て来る糺のお言葉は、

「形田とそなた弦切《ツルキリ》は、大宇宙の根元の糺より与えられた使命者である。時期が来たので使命者として働きなさねばならぬ。」

「大宇宙の根元ノ䄶の御心により、創りいだされた美しき現象界《ウツシヨ》この地球の汚れ、増している。この地球を統一する神、天照大御神の力では、この現象界地球を清めなす事出来ぬ故、根元ノ䄶本来の美しく清らかな現象界に戻す事出来ぬ。このため根元ノ䄶が御名《オンナ》を現して清めなす。そなたも使命者として世人を導きなせ。」というものでした。

この折、私は全世界・日本国土には多くのいろいろな宗教があり、今更新しい宗教を作っても出来ませんと䄶に反論致しました。

䄶は、

「全世界の人間総べての者は、大宇宙の根元ノ䄶より御玉（生命《イノチ》）を与えられた神の子人間である。この現象界地球において自分自身の御玉を高めるために生まれ生かされている。この現象界地球上は神の子人間の御玉を高めるための修行の場所である。」

「神の子人間総べての者は、この現象界地球での生活が終わり、肉体が滅んだ時は、䄶より与えられた御玉は䄶の元に元神《ゲンシン》（神界に帰る）するのが正しき神の子人間であり、神界に元神して、即座に御親神《ミオヤノカミ》として働き出来るよう導くのが、そなた達の使命である。」

「この地上（地球）において人間の御玉に汚れや未浄化の迷人《マヨイビト》が頼っていては、褫より与えられた御玉が躍動する事出来ぬ。根元ノ褫の光（気）を御玉に受ける事出来ぬため、先祖や未浄化の供養をしっかり行って、総べての汚れを御玉より取り除くがよい。汚れを取り除く事が出来てこそ、御玉を高め上げる事出来る。正しき学びが出来る。」と申されました。

このようなお言葉が次々に降って参りますので、褫の御心を拒否する事が出来ないと思い、褫の御心を受ける決心を致しました。

使命者として世人を導くためには、山に籠って修行を行うのですかとお聞き致しましたら、「毎日の毎日の生活が修行の場所である。毎日の生活を正しく、神徳と人徳を得るよう努めるがよい。」とのお言葉を頂きました。

また、

「この現象界地球において使命が終わった時、褫より与えられた神の子人間の御玉は神界に元神するのが正しき神の子であるが、神界に帰り即座に御親神として働くには、この現象界において神学びを行う事必要であるため神学びを行う。神学び中は、新聞やテレビ、他の宗教の本を読んではならぬ。なぜならば迷いや疑問が出る。禊直々教え導きなす。」と申されました。

神学びが始まりますと、朝、昼、夜、夜中にも学びの導きのお言葉が降って来ましたので、夜寝る時は必ず枕元に紙と鉛筆を置いていつでも書けるよう寝る毎日でした。

根元ノ禊は普遍の愛をお持ちですがその反面、とても厳しい面もおありです。形田や私弦切が禊の御心のままに使命を行うかどうか試された事もしばしばありました。

業界紙を辞めて収入が無い時でも、禊は「伊勢に参れ。」とおっしゃいましたが、伊勢に参る旅費はありませんと申し上げますと、「では成田に参れ。」との事でしたので、即座に車で成田山へ参拝致しました。二、三日してまた「伊勢に参れ。」とのお言葉が降って来ました。旅費もないのにどうしようかと思案に暮れましたが、禊が参れと申すなら何とか行けるのではないか、自分自身で行く気になれば良いのではないかと思い、伊勢に行かせて下さいと一心にお導き致しましたら、「家を清めて下さい。」とのお話があり行けるようお手配下さいました。

この折に、素直な心になる事、自分自身がその気になれば出来るよう導いて頂ける事を学んだ気が致しました。

根元ノ禊の一つ一つのお導きお教えを頂きながら、昭和四十四年十月十日に伊勢神宮の荒《アラ》祭宮《マツリノミヤ》にて、根元ノ祧の御降臨のもと正氣神道開教宣言を行いました。

そして令和元年に正氣神道開教五十周年を迎えましたので、五十周年を記念して、根元ノ祧より教え導かれました事を本にする事に致しました。

大宇宙を総べてを司る根元ノ𥛂のお導き　目次

第六章　人間の体の機能……97

第七章　正氣神道における神社・自宅にての正しい参拝……105

第一章　大宇宙を司る根元ノ〓のお働き・秩序

大宇宙の根元ノ〓の正しき御名

袄照《アマテラシマス》袿皇《スメ》衭《オオ》御《ミ》〓《カミ》さま

御働《マタ》の御名《ミナ》

袄之《アメノ》御中《ミナカ》尊主《ヌシノ》衭御《ミ》〓《コト》さま

根元ノ〓の御名について

根元《コンゲン》ノ〓《カミ》の御名《オンナ》の正しき文字は、衣偏が付く故、衣偏を付けるようにとお導きされました。

根元ノ〓、袄照《アマテラシマス》袿皇《スメ》衭《オオ》御《ミ》〓《カミ》さまの文字意味について、次の通り導かれました。

⿰衤天《アマ》＝衣偏の、点は、⿰衤胱を表し、天界、宇宙、神界、現象界《ウツシヨ》、人間の連がりを表しています。

天は、総《ス》べてと云う意味です。

照《テラシ》＝総べてを照らすと云う意味で、この照の文字の中には愛、調和、秩序、法則が含まれているとの事です。

⿰衤坐《マス》＝唯御一方を表し、大宇宙の中心に鎮座しておられるとの意味です。

皇《スメ》＝尊いとか、総べてに連がると云う意味です。

⿰衤大《オオ》＝偉大な力と云う意味があるとの事です。

⿰衤胱《カミ》＝衣偏は、⿰衤胱、大宇宙、天界、宇宙、現象界、人間の連がりを表しています。

月は、隅々迄隙間なく、至る所と云う意味です。

光は、大宇宙の隅々迄総べてに光り輝くとの意味です。

⿰衤大《オオ》御《ミ》⿰衤胱《カミ》＝統一すると云う意味です。

御働《マタ》の御名《ミナ》、⿰衤天之御中尊主⿰衤大御⿰衤胱《アメノミナカヌシノミコト》さまは総べての根元を表していると導かれました。

根元ノ⿰衤胱のお働き

大宇宙の総《ス》べてを司る根元《コンゲン》ノ祧《カミ》、祆照䄖皇祆御祧《アマテラシマススメオオミカミ》さまは、無《ム》（総べて）から有《ユウ》（現われ）の世界を創るために、お働きの御名《ミナ》、祆之御中尊主祆御祧《アメノミナカヌシノミコト》さまとして、現在より五十億万年前（即ち五十億が一万倍）に無・有・変・働・愛・調和・引力・元芯力・産・連のお働きを開始されました。

根元ノ祧は、まず総べての調和を図るために、御自分の光で袴坐《ワケヒ》（分身）の陽《ヨウ》（左廻り）と陰《イン》（右廻り）の神を創り、この陽陰ノ神によって大宇宙（球体）の調和を図りました。

陽陰ノ神の御名は袴皇産袴神《タカミムスヒノカミ》・神皇産袴神《カムミムスヒノカミ》さまです。

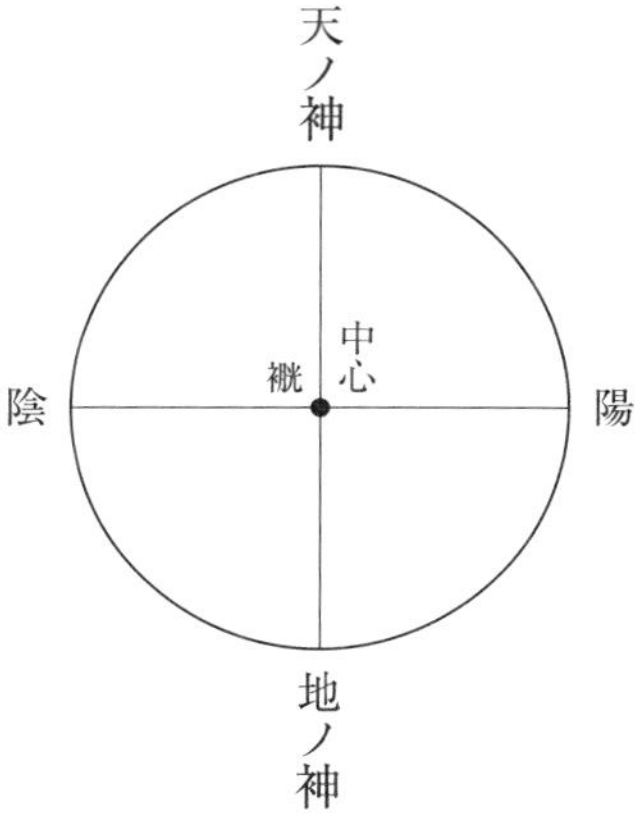

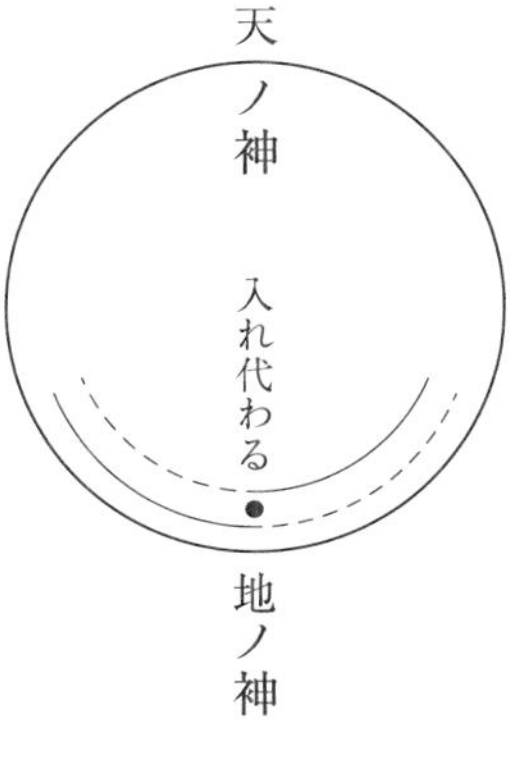

陽と陰の神さまが交叉され入れ代わった時に、糀の強い光（八つ）が降《クダ》り、天ノ神（五男神三女神）さまが誕生されました。

天ノ神、五男神三女神の神さまは、糀の御子としてお働きされています。

天ノ神さまと同様に、陽と陰の神さまが交叉された時に、地ノ神天之《アメノ》産䄯乃《スサノオノ》神《カミ》さまが生まれ、大宇宙の秩序を表すお働きを行っています。

大宇宙は無限の球体で、糀を中心に陽陰ノ神、天ノ神、地ノ神によって無限の球体の調和と秩序が保たれています。

陽陰ノ神さまは、左廻り外・右廻り内となっていますが、何万年に一度、天ノ神さま地ノ神さまの所で交叉して、内と外に入れ代わると教え導かれました。

また、陽陰ノ神さまの無限の大宇宙を左右に廻っている速さが、今迄より二、三倍の速さになっていると、昭和六十三年十二月にお導きされています。

糀のお働きは無から連、そして無に帰りますので、初めもなく終わりもなく永遠に続くとの事です。

天ノ神、五男神三女神の神々さまの御名、お働きは次の通りです。

五男神さま

天之祒穂捻尊《アメノオシホミノミコト》さま

　エネルギーの根元のお働き

　祧より発せられる光をエネルギーに変えるお働き

（祧の光から作られるエネルギーによって総べての神々さまはお働きを行う事が出来る）

天之穂日尊《アメノホイノミコト》さま

　自然の生命《イノチ》の根元を司るお働き

　この現象界《ウツシヨ》地球には数多くの自然の生命があり、これらの自然の生命を創っています。

天之天津彦根尊《アメノアマツヒコネノミコト》さま

　大宇宙の各星体（球体）を司るお働き

　無限の大宇宙には無限の星体があり、一つ一つの星体には、それぞれ働きがあるとの事です。

天之活津彦根尊《アメノイクツヒコネノミコト》さま

　祧が創られている光の地球と私達の住んでいる現象界地球を一つにするお働き

天之熊野久須毘尊《アメノクマヌクスビノミコト》さま

粃が創られた光の地球とこの地球が一つになる時、この地球を押し上げる（支える）お働き

三女神さま

天之多紀理毘売尊《アメノタギリビメノミコト》さま

大宇宙の中にある各星体、地球の廻りにある引力の根元、調和のお働き

天之市寸嶋比売尊《アメノイチキシマヒメノミコト》さま

水源を司るお働き、及び、この現象界地球を清めるお働き

天之多岐津比売尊《アメノタギツヒメノミコト》さま

本来のお働きは他にありますが、現在は主に天界、神界で働く神々さまを統一するお働きを行っています。

※天ノ神、五男神三女神さまは、私達神の子人間の御玉《ミタマ》を作って下された産生《ウブスナノ》大神《オオカミ》さまとしてお働き下さっています。

御自分の産生大神さまの御名、お働きを知っておく事も大切であるとの事です。

私達神の子人間が元神《ゲンシン》（神界に帰る）して即座に御親《ミオヤ》ノ神《カミ》として働くためには、この地上においで、総べてを創られた大宇宙の根元ノ祧祆照袿皇祆御祧《アマテラシマススメオオミカミ》さまが、お働きの御名祆之《アメノ》御中尊主祆御祧《ミナカヌシノミコト》さまとしてお働きを開始された事、陽陰ノ神、天ノ神、地ノ神さまを創られ無限の調和秩序を図られた事を、しっかり知っておく事が必要である事を、御玉において頂きたいと強く願うところです。

祧のお働きは秩序がある

次ページの図は、根元《コンゲン》ノ祧《カミ》の御心により教え導かれたものです。根元ノ祧のお働きには、図の通り秩序があります。根元ノ祧のお導きの下、陽陰ノ神、天ノ神（五男神、三女神）、地ノ神によって大宇宙の秩序が保たれている事もお判り頂けると思います。

図にありますように、天ノ神々さまによって社津神《アマツカミ》の宇宙神、天之𩏄𥛚尊《ニニギノミコト》さま、伊邪那岐《イザナギノ》尊《ミコト》・伊邪那美尊《イザナミノミコト》さま、現象界の神天照大御神さま、国津神、八百萬神《ヤオヨロズノカミ》そして肉体神（神の子人間）にと連がっています。

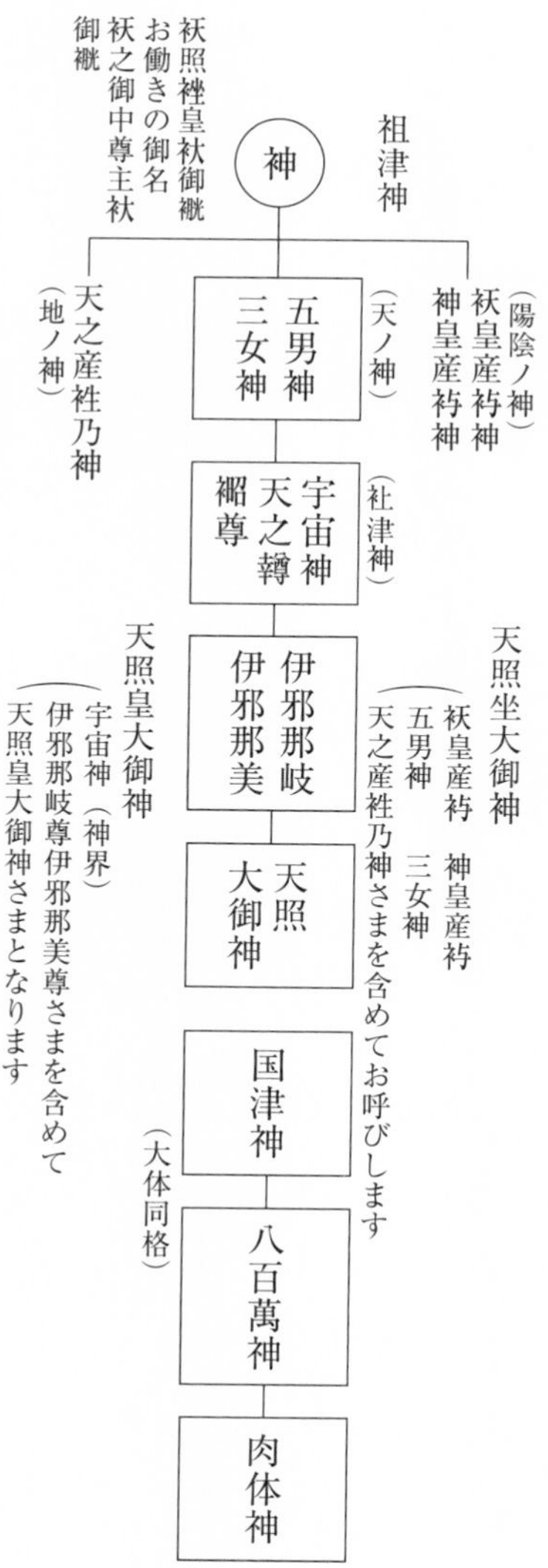

これが正しい神の秩序（お働き）であり　詳しくは徐々に話すとの事であり、ここでは基本的な事だけ覚えておけばよいとありました

社津神《アマツカミ》は宇宙神、天之韓褶尊さま、伊邪那岐尊・伊邪那美尊さまを指し、根元ノ𥜿の使いと云う意味もあるとの事です。

　宇宙神の神のお働きは、𥜿のお働きの無・有・変・働・愛・調和・引力・元芯力・産・連の中の調和、引力のお働きで、大宇宙の中心の𥜿の光（気）を各星体（球体）に送るお働きを行っています。
国津神は国造りと云う意味で、この現象界《ウツシヨ》地球上で肉体を持った神々であり津は元と云う意味です。

神々の世界には、秩序を保つ事が大切であるため、大宇宙、天界、神界、現象界を統一する神々のお働きがある事をしっかり心に留めおいて下さい。

⿰衤光・神・神・神の文字について

⿰衤光のお導きを頂くまでは、神の文字は衣偏の神とネ偏の神は同じだと思っていましたが、神の世界においては、神・神・神の文字は使い分けられていると導かれました。
⿰衤光—⿰衤光は大宇宙神を表すもので、根元ノ⿰衤光の文字は、他の神々さまには用いられないとの事です。
神—衣偏の神は、天界・宇宙の神々さまに使われます。
神—ネ偏の神は、神界・現象界の神々さまに用いられます。
神—示偏は正しい神でなく、自然霊（お稲荷さん）、動物霊の神の時に使うと導かれました。

神界ではこのように使い分けられている事を心の隅において下さい。

正氣神道での正しき参拝

余談になりますが、正氣神道《セイキシントウ》では、根元ノ糀《コンゲンノカミ》の御心により、伊勢神宮、江島神社、秋葉神社、橿原神宮、成田山のお不動さま、浅草の浅草寺に参拝しています。

伊勢神宮は、荒祭宮さまにて正氣神道の開教宣言を行った場所ですので、開教以来毎年欠かさず参拝会を行っています。

特に、二月八日は神界においての一月一日にあたるとお導きされています。

根元ノ糀は秩序を重んじられますので、お導き下さいました通りの順で参拝させて頂いています。

伊勢には外宮《ゲクウ》と内宮《ナイクウ》がありますが、外宮そして内宮に参るがよいと導かれています。

一、外宮での参拝

外宮の多賀ノ宮の大神さまは、私達人間を清めて下さるお働きがあります。また、風ノ宮の大神さまは、私達が内宮に参る事を伝えて下さる神さまとの事です。そのため先に外宮に参拝します。
参拝の順序は、
(一) 豊受大神《トヨウケノオオカミ》さま、(二) 多賀ノ宮さま、(三) 土ノ宮さま、(四) 風ノ宮さまです。一番から四番迄正しく参拝下さい。

二、内宮の参拝
(一) 荒祭宮《アラマツリノミヤ》　根元ノ䄌、祆照䄓皇䄆御䄌《アマテラシマススメオオミカミ》さまが御祭神です。
(二) 正宮《ショウグウ》　現象界《ゲンショウカイ》の神天照大御神さま
地球を統一している神さまです。
(三) 風日《カザヒ》ノ宮
(四) 瀧祭《タキマツリ》ノ宮　水源を司る天之市寸嶋比売尊《アメノイチキシマヒメノミコト》さまと、五大龍王《リュウオウ》の龍陞神《リュウオウ》、龍玉《リュウギョク》、龍位《リュウシン》神、龍救《リュウヘン》、天龍王《テンリュウオウ》の中の龍陞神、龍玉、龍位神さまがお働きされていると導かれました。この三方《サンカタ》が伊勢の龍神さまと呼ばれていると導かれました。
五大龍王さまは、本来は光身の宇宙神で、強いお働きを行っており龍は化身との事です。自由自在であると云う事が訛って龍神と呼ばれるようになったようです。五大龍王さまは、禊の使いとして神の子私達人間を導き加護されており、水の神が正しい呼び名です。

（五）子安神社　子安神社の神さまは、出産のお導きから、新しい生命赤ちゃんが誕生してから十二歳位迄子供をお導き下さる神さまです。

（六）大山神社　神の子人間に頼って来る汚れや災い、魔を祓ってお導き下さる神さまです。

根元ノ禊の御心によりお働きの不動明王さま五大視宣就さま

成田山のお不動さまについて

お不動さまとしてのお働きは、当初天ノ神、天之活津彦根尊《アメノイクツヒコネノミコト》さまが兼任されておられたため、お不動さまは火を背負っておられるとのお導きを頂きました。

正氣神道《セイキシントウ》を開教した当時は、五千年前の武導《ブドウ》天皇さまが不動明王さまとして働かれておりましたが、武導天皇さまが一旦神界に戻るため、七千年前の添応《テンオウ》天皇さまが不動明王として働くと、武導天皇さまより導かれました。

五千年前の武導天皇さまは智才があり、それはそれは優れた天皇さまで、多くの者を救った立派な天皇であると教えられました。

また、神武《ジンム》天皇さま以前に五百代の天皇さまがおられた事、不動明王としてお働きするために糀《カミ》より神ノ位が与えられ、糀の御力も頂いて、不動明王さまとして世人及び迷人《マヨイビト》、動物霊、自然霊、地ノ底、根ノ底にいるものを導き救って下されていると、教え導かれました。

添応天皇さまがお不動さまとしてお働きの折も宮座に御挨拶下さいました。

お不動さまの炎の光について

平成四年八月二十六日桓武天皇さまより、お不動さまの光の色についてお導きを頂きました。

白光ノ光　大宇宙の根元《コンゲン》ノ糀との連がりを意味する光（より強い白の光）

白ノ光　天界との連がりを意味する光

朱ノ光　宇宙との連がりを意味する光

赤ノ光　神界との連がりを意味する光

黄金ノ光　太陽を意味する光

オレンジノ光　お不動さまと子孫の連がりを意味する光

燃える光（一）　迷人を救う光

燃える光（二）　地ノ底、根ノ底、暗黒の世界にいる者を救う光

五大視宣就さまについて

昭和四十五年五月十一日にお導き

五大視宣就《カンゼオン》さまは、祧の御命令によって天ノ神々さまがこの現象界《ウツシヨ》に送られた方々です。迷人、未浄化の者を諭し、上（神界）に導きあげるお力を持たれており、この現象界を清め、正しき神世界《ウツシヨ》に戻すのが使命であると教えられました。

五大視宣就さまの御名とお働きは次の通りです。

尊玉《コウギョク》 視宣就《カンゼオン》さま

　祧に連がる一番高き視宣就さまで、左手に祧の光の玉を持っておられます。

禛親《ジョウシン》視宣就《カンゼオン》さま

　子供を守って下さる視宣就さまで、額に八咫《ヤタ》鏡を付けておられるとの事です。

祠与《ジョウヨ》視宣就《カンゼオン》さま

　物を与えて下さる視宣就さまで、胸に八咫鏡を付けておられるとの事です。

詞照《ジョウショウ》視宣就《カンゼオン》さま

照らすと云う意味で固定しておらず、天女のようにヒラヒラと舞う事が出来、自由自在にお働きが出来る視宣就さまです。

千実《センジュ》視宣就《カンゼオン》さま

総《ス》べての事が成就する、ものが成ると云う風に考えてよいとの事です。

※不動明王さま、五大視宣就さまは、根元ノ褫の御心により、迷人や未浄化の者を神界にお導き下さるお働きを行っておられます。御供養を行う時は、不動明王さま、五大視宣就さまの御名をお呼びしてお導き頂く事によって、神界に元神《ゲンシン》する事が出来ます事を知って下さい。

根元ノ褫のお働きにも変化が……

日本は神国として歴史があります。古事記や日本書紀を初め、現在でも数多くの神書が販売されています。

言霊《コトダマ》の本を読まれた方が、その本について褫《カミ》のお導きを頂いてほしいとの事があり、お導きを仰ぎました。

「この本は大変難しいが、よい本である。

しかし、この現象界《ウツショ》は一年一年大きく変わりつつあるのと同様、禊のお働きも変わっている。

神代の時代と現在では基本的なものは変わらないが、根元《コンゲン》ノ禊初め多くの神々の働きは大きく移り変わっている。

本に出ている言霊を唱えるより、根元ノ禊の御名を一心にお呼びするがよい。」

とのお導きを頂きました。

正氣神道《セイキシントウ》が開教される以前は、大宇宙の根元ノ禊は御名を現わさず、地球を統一している現《ゲン》象界《ショウカイ》の神、天照大御神さまを通して根元ノ禊に連がっていたと申されました。

また五男神三女神の神々さまも、開教当初は八幡大神さまとしてお働きでしたが、その後、天ノ神としてお働きされている故、天ノ神々さまとお呼びするようにとの禊の御心により、天ノ神々さまに変わっています。

このように大宇宙の根元ノ禊が御名を現わされて、根元ノ禊の直接のお導きを仰ぐ事の出来る時代に移行していると云う事を、しっかり知る事も大切な事です。

根元ノ糀が創られた光の地球について

正氣神道《セイキシントウ》が開教されて間も無い頃、この現象界《ウツシヨ》地球の汚れが増大しており、このままでは地球が滅んでしまうため、根元《コンゲン》ノ糀《カミ》は光の地球を創られて、現在の地球と一体化させるとのお導きを頂きました。

そして糀の元には第二の光の地球が出来上がっていると導かれています。

糀は、光の地球の中に私達が住んでいる地球を入れて一つにする御心《ミココロ》であると教え導かれました。

糀が創られた地球と私達が住んでいるこの地球を一つにするお働きをなさっているのが、天ノ神の陽《ヒ》の神天之活津彦根尊《アメノイクツヒコネノミコト》さまと天之熊野久須毘尊《アメノクマヌクスビノミコト》さまです。

第二の光の地球

陽ノ神天之活津彦根尊さまは光の地球と現象界の地球を一つにするお働き

昭和五十八年二月十九日、現象界の神さまより、「糀が創られた光の地球の速度が増している。その速度は今迄を五とするとその三倍の速さになっている。

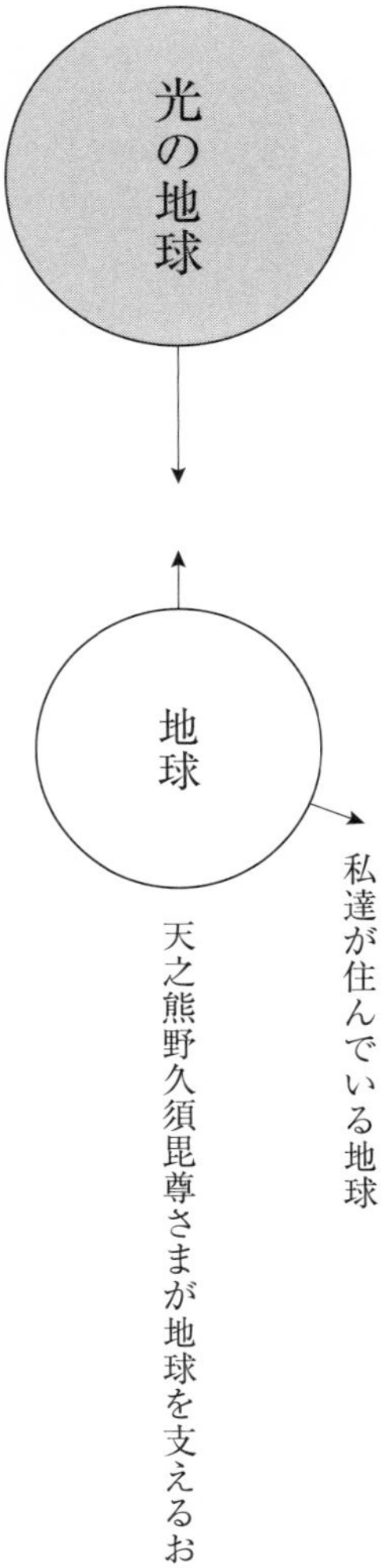

百倍の速さになった時、この地球と一つになる。

当分の間、火の祓いが続く。迷人《マヨイビト》も、この影響を大きく受けるため、より一層神の子人間にしつこく頼って来る事をしっかり知っておくがよい。

光の地球と今の地球が合体する時期についてはいずれ導くが、禊の光の無有光の光を受けられる者は、死の灰を受けてもこれを砕く事出来る。」とのお導きがありました。

光の第二の地球について

昭和五十九年十月三日、現象界《ゲンショウカイ》の神さまより、お導きを頂きました。

祇《カミ》が創られた光の地球は、祇のお働きの御名《オンナ》、祆之御中尊主祅御祇《アメノミナカヌシノミコト》さまを中心にお働きなされる。

◎光の大きさは、地球を包むので、地球の倍の大きさになる。
◎光の地球は祇の光が中心で、中心より八方に向かって渦巻型の光を放っている。
◎光の地球が現在の地球と一つになると、地球の中心より八方に向かって光が強く働く。その一方の光は当然日本に入る。

子孫のために強い祇の光を絶えず受け、その光を子孫に与え残すよう心掛けよ、との事です。

現在のこの現象界地球を祇の御心《ミココロ》のままの現象界地球に創りあげてから第二の現象界地球を創り、そして宇宙時代から大宇宙時代に神展《シンカ》させるとのお言葉も頂いています。

根元ノ祇の無―連のお働きには総べてが当て〝はまる〟

根元《コンゲン》ノ祇《カミ》の無（総《ス》べて）から有・変・働・愛・調和・引力・元芯力《ゲンシンリョク》・産・連のお働きにはそれぞれの意味があり、総べてに当てはまるとのお導きを頂いています。

根元ノ褦のお働きの意味は次の通りです。

無《ム》　一《ヒイ》　初め―動き出す、積極性
有《ユウ》　二《フウ》　愛―やさしさ、人のために尽くす
変《ヘン》　三《ミイ》　動く―与えられた使命
働《ドウ》　四《ヨウ》　捨てる―努力、変える。四は0又は八にもなる
愛《アイ》　五《イツ》　親・交流―人々が向上出来るように
調和《チョウワ》　六《ムウ》　育つ―人、物を大切に
引力《インリョク》　七《ナナ》　広がり―人の輪を広げる
元芯力《ゲンシンリョク》　八《ヤア》　褦を表す―褦に仕える、褦の導きを受ける
産《サン》　九《コノ》　実る―造り出すと云う事も入る
連《レン》　十《トウ》　連がり―次に連がる

褦の無―連の働きの数字や意味によって、人間の行うべき事が判ると導かれました。
私達人間にとって生年月日は大切なものです。

何年—0歳から二十歳迄、この数字が働く
何月—二十歳から四十歳位迄、この数字が働く
何日—四十歳から晩年（元神《ゲンシン》する迄）この数字が働く

◎生年月日の何年の所に四の数字がある方は、御自分の家の先祖供養をしっかり行う事が大切であるとの事です。
◎何月の所に四の数字のある方は、結婚した相手の家の供養を行う事が大切です。
◎何日の所に四の数字のある方は、晩年病気になる可能性があるとの事です。

※四は捨てる数と導かれておりますが、䄻のお導きを頂いたり、供養を行う等、自分の努力によって、四は0になったり八になったりします。
唯一変化する数字です。

実際に祭主皇久《サイシュコウジョウ》の生年月日には四が二つ入っていますが、長年の努力によって八に変わりました。

捨てる数と云うと縁起が悪いと思う方もいるかと思いますが、努力する事によって変化する数と捉えて下さい。

根元ノ䄻の無—連までを判り易く䄻のお働きにたとえますと次のようになります。

プラスのお働き

無　祆照 祵皇祆御䄙《アマテラシマススメオオミカミ》さま

有　五男神　三女神さま

変　祆皇産𥙆《タカミムスヒ》　神皇産𥙆《カムミムスヒ》（陽陰）の神さま

働　天之産祵乃神《アメノスサノオノカミ》（地ノ神）さま

愛　大宇宙

ここ迄が大宇宙神（大宇宙）と考えてよい

調和　宇宙神

引力　天界、神界

元芯力　各球体

産　伊邪那岐尊《イザナギノミコト》さま・伊邪那美尊《イザナミノミコト》さま

連　現象界《ゲンショウカイ》の神さま

䄙のお働きは、私達神の子人間の体にもあてはめる事が出来ると導かれています。

人間の御玉《ミタマ》（心）―無

人間の機能―――有

人間の骨組――変
人間の脳――働
人間の体全体――愛
人間の内臓――調和
人間の血液――引力
　　　　　　元芯力
人間の細胞――産
人間の神経――連

このように糀のお働きは総べてに連がっています。なお、神の世界と現象界で呼び名が違います。

手の指（𢭐《ユビ》）
親指――働《ドウ》――力強い
人差し指――仁《ジン》――生彩
中指――悦《エツ》――中心
薬指――協《キョウ》――そえる

小指――神《ジン》―受ける

それぞれの働きによる手の指十本を合わせて手球体《シュキュウタイ》と云うとの事です。

頭―働神体《ドウシンタイ》（球）

胴―神球体

腕や足は接続体と云うとの事です。

総べてを司る根元ノ糀のお働き、秩序によって生み出された現象界《ウツシヨ》を知る事が出来、根元ノ糀の御心には計り知れぬ奥深いものがあり、先々を見込んでの神学びには心魅かれるものを感じます。

皆さんが大宇宙の根元ノ糀あるをしっかり知って下さる事を願うところです。

第二章　無限の大宇宙の中には！

総べてを司る褫が創られた大宇宙の中に

根元《コンゲン》ノ褫《カミ》が創られた無限の大宇宙の中には次ページの図の通り大きく分けて、大宇宙・天界・宇宙・神界・そして私達神の子人間が住んでいる現象界地球《ウツシヨ》があります。地球の引力の及ぶ所が霊界・幽界で、地球上の土地の下には、地ノ底、根ノ底、暗黒ノ底、妖界の世界があるとの事です。

◎無限の球体の大宇宙は、高天原《タカマガハラ》です。

高天原には、根元ノ褫（大宇宙神）、陽陰ノ神、天ノ神、地ノ神さまがおられます。

大宇宙の無限の球体の調和、秩序が保たれています。

総べてを司る
祧が創られた現象界

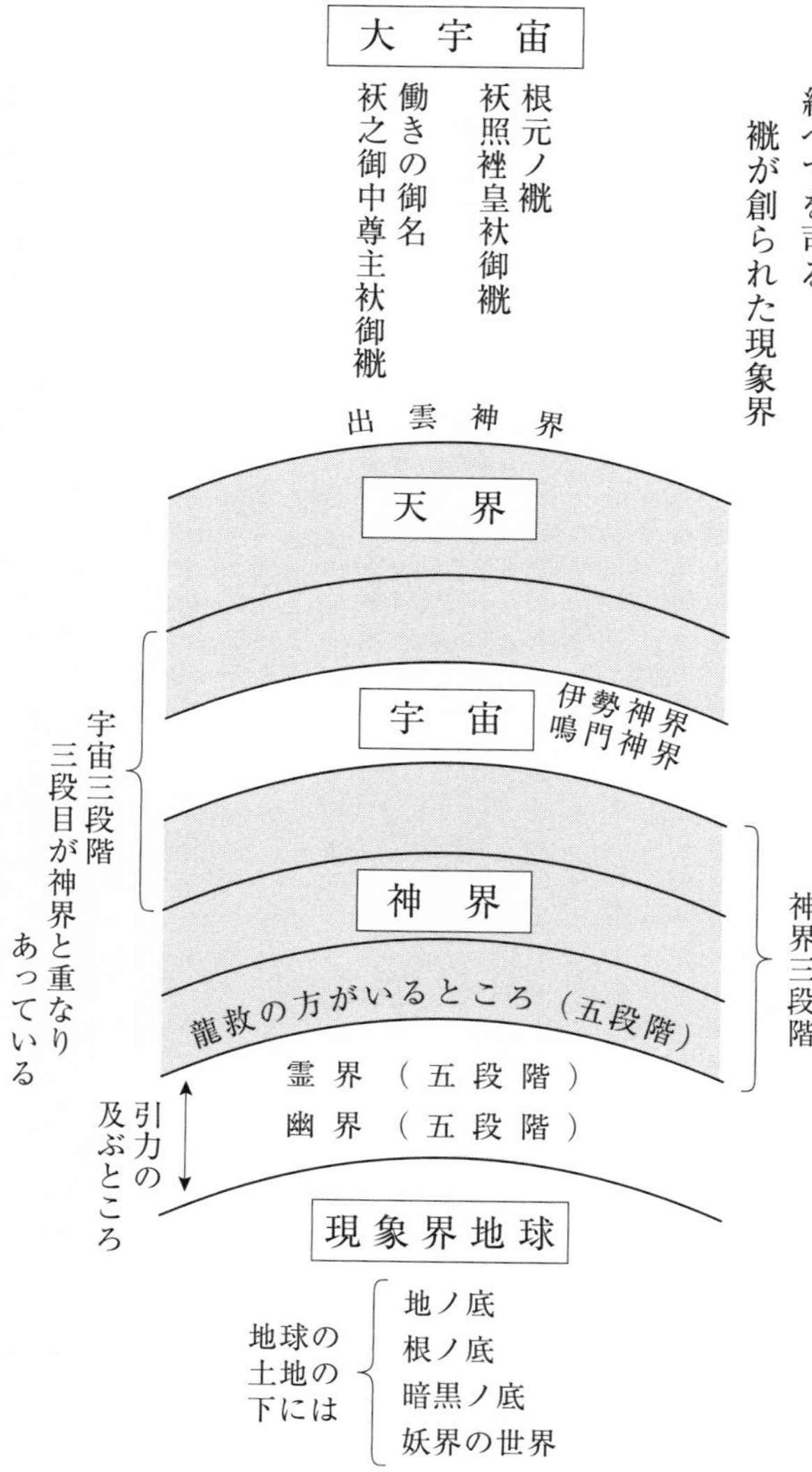

即ち、祧のお働きの無から有、これが高天原、大宇宙です。

◎出雲《イズモ》神界

出雲神界は大宇宙と天界の間（天界の上の所）にあり、大宇宙神と天ノ神々さまの祭り事を行うところです。出雲はいずる（働き）という意味と導かれました。

◎宇宙とは

宇宙は天界と神界の中間に三段階あります。宇宙の中には無限の星体（球体）があり、この星体では多くの神々さまがお働きされています。

◎伊勢神界

伊勢神界は宇宙の中ほどにあり、大宇宙神の根元ノ糀、天ノ神々さま、神界の神々さまが集まる所です。神学びが行われる所でもあると教えられました。

◎鳴門《ナルト》神界

鳴門神界は、伊勢神界の一部にあります。鳴門神界は、現象界地球にて肉体を持った者が神界に元神した時（帰った時）に、まず御玉を清める所です。

御玉を清めて下さる担当の神さまは伊勢神宮多賀ノ宮の祭神、豊柾大神《トヨホシノオオカミ》さまで、伊勢神宮豊受大神《トヨウケノオオカミ》さまの父にあたる神さまであると教えられました。

◎神界

神界は大きく分けて三段階あります。一番上は宇宙と重なっています。

神界の上の方では、宇宙神の神々さま、神界では、御親《ミオヤ》ノ神々（皇十一段）、国津神、八百萬神々さまがお働きされているとの事です。

◎龍救《リュウヘン》について

神界の一番下と地球の引力の及ぶ上の所に龍救の方々がいる場所があります。

龍救とは、現象界この地球で生活して使命が終わった時に、神界に帰る事が出来ない方です。

霊界や幽界に置いておくのは気の毒な方々を褓の御心《ミココロ》によって龍救としています。

龍救の方のいる所は五段階あり、神界に帰るための勉強している方もいれば、霊界幽界に近い所で苦しみを感じている方々もいるとの事です。

（地上にいる者に、龍救をといてもらうと即座に元神《ゲンシン》する事が出来ると導かれました）

◎霊界、幽界は

霊界は五段階あり、霊界の三段階以上にいる者は、自分自身で学ぶ事も出来、自分の力で元神する事も可能との事です。

幽界も五段階あり、幽界にいる迷人《マヨイビト》は気力もなく自分の力もないため、私達地上にいる人間に頼って来ます。

現在地球上で病気で苦しんでいる人々の九九％が霊的な病気であると教え導かれております。私達人間に頼って来る霊界や幽界にいる迷人を一心に供養して、神界に帰す事により、病気は消えます。

神界に元神した迷人は二度と頼って来る事はありませんので、一人でも多くの迷人が神界に帰る事が出来るよう、神界に帰る事が出来ない原因を取る正しい供養を行って頂きたいと強く強く願うところです。

◎現象界地球

現象界地球は、私達神の子人間（肉体神）が住んでいる所ですが、地球の土地の下には、地ノ底、根ノ底、暗黒ノ底、妖界の世界と云われている所があります。

◎地ノ底には、根元ノ糀より与えられた使命を果たさず、自分勝手に生命を絶った者（自殺者）が糀の御心に反するため落とされるとの事です。

また生前、神仏に願掛けして願を解かなかった方も同様との事です。

◎根ノ底には、人の尊い生命を奪う殺人者が落ちるとの事です。

◎暗黒ノ底、妖界の世界には、多くの人々の生命を無差別に殺した者や苦しみを与えながら殺した者、凶悪な者が落ちるとの事です。

これらの世界に落ちると浮かび上がる事が出来ず、神界に元神する事も無く、人々に与えた苦しみ以上に自分自身も苦しみを味わう世界であると教えられています。

この現象界地球に住んでいる人々の中には生活が苦しい、いじめに遭った等、死んでしまえば総《ス》べてが終わり楽になると思って、自らの生命を絶つ方がおりますが、これは大きな間違いである事を知って、根元ノ褫より与えられた生命を大切にして頂きたいと願うところです。

大宇宙には五つの系が

無限の大宇宙の中には、五つの系がある事を教えて頂きました。

この現象界《ウツシヨ》において私達が肉眼で見える太陽は一つですが、無限の大宇宙の中には太陽は五つあり（そのうちの一つは中心の褫《カミ》）、その五つの反射によりエネルギーが出されています。

大宇宙の中心は褫であり、即ちエネルギーの根元《コンゲン》です。

陽と陰、天と地の直線（図を参照）の所に太陽、月、地球があり、肉眼で見えるのは一つだけであると教えられました。
この現象界において肉眼で見える世界は三次元であると導かれています。
根元ノ祧がお導き下さった大宇宙の中の五つの系は次の通りです。
シンドウ系――地球（芯司《シンオウ》星）
チョクゾク系――月
チツジョク系――太陽・火星（太陽系ともいう）

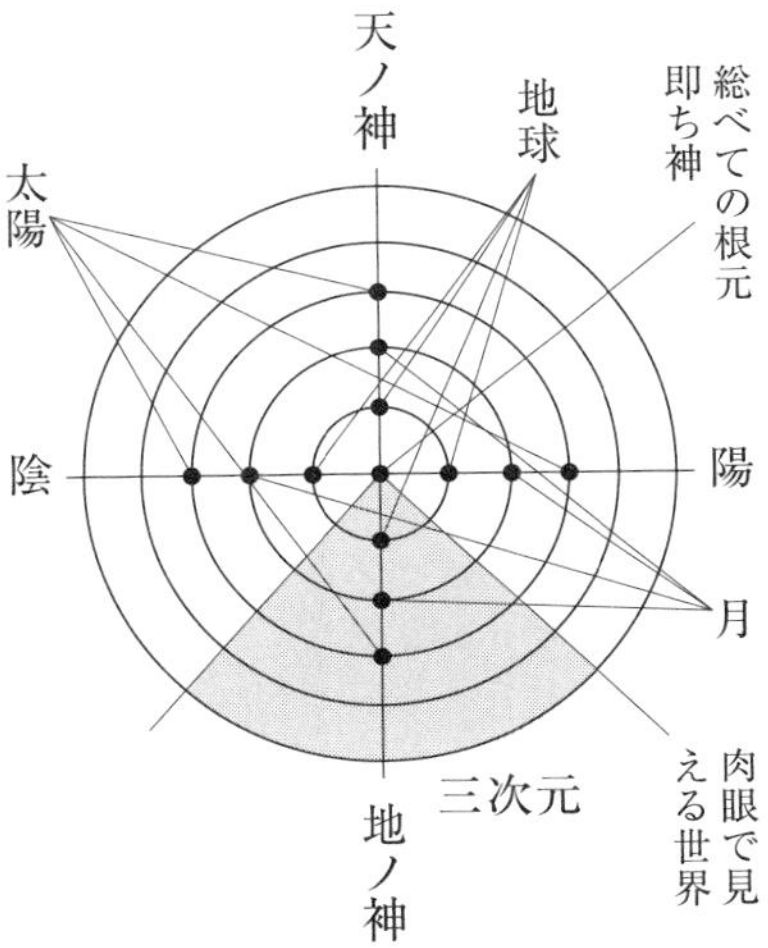

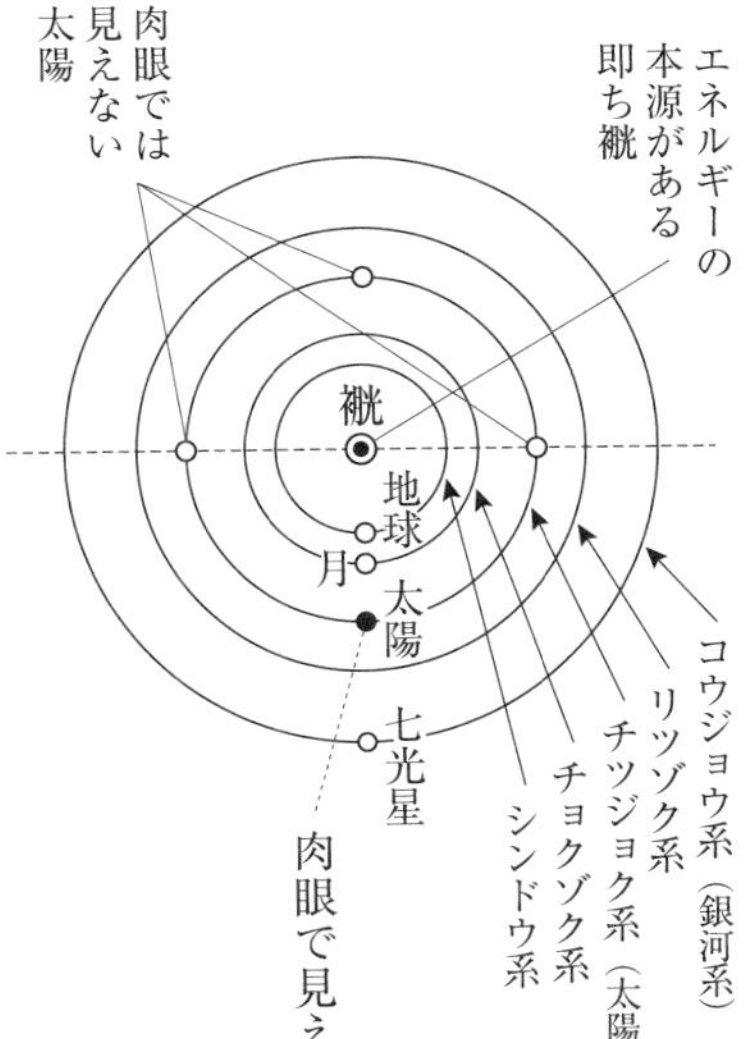

リツゾク系

コウジョウ系――七光星・木星・金星・土星（銀河系ともいう）

前ページの図にありますように、中心（䊨）から地ノ神さまの所に薄く塗りつぶしてある場所が肉眼で見える三次元世界です。

三次元で見える星体は三千余りとの事です。

このお導きを頂いた後に、伊勢神宮へ正氣神道として参拝させて頂きました。帰りの新幹線の車中より、上の図のように五つの太陽を見せて頂きました。

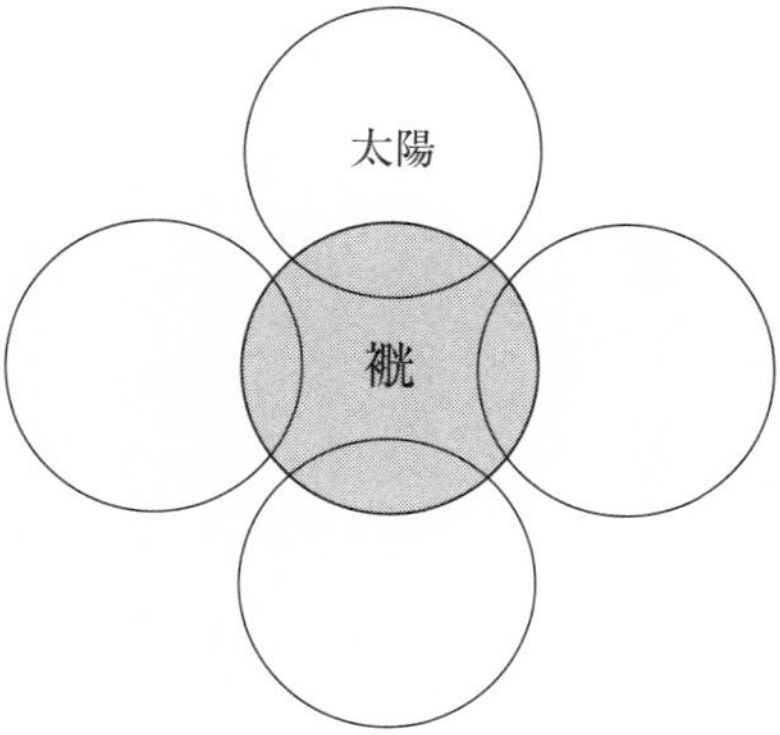

䊨が教え導いて下さった通り五つに見えた事が嬉しく、䊨のお導きの素晴らしさに感激しました。

䊨より、既に四次元世界から五次元世界に向かっている星体があり、六次元世界に入っている星体も二つあると導かれています。

六次元世界は超音測定神波動《チョウオンソクテイシンハドウ》が発達しており、超音測定神波動とは大宇宙の各球体の通信の他に神々との通信波動を受ける事が出来るという事です。

私達人間が住んでいる地球も、六次元世界に入ると超音測定神波動が発達する事が可能となります。六次元世界に入った時は、総べての神の子人間肉体神が、根元ノ糀に連がり糀の導きを得て、より御玉を高めて神体神に神展《シンカ》しなければならないとの事です。

次元について少し学びましょう

次元は0《ゼロ》次元から十次元迄あります。四次元世界から十次元は未知の世界を意味します。

0次元は0にあらず、0は球に連がり、中心の一点は根元《コンゲン》ノ糀《カミ》を指します。

一次元は大宇宙の横の一線つまり陽と陰の神のお働きと考えて下さい。

二次元は天ノ神と地ノ神の縦の一線です。

三次元世界は、私達神の子人間が肉体で見える世界です。

四次元世界は、三次元世界の反対側と考えるがよいとの事です。

地球が四次元世界に入ると、私達総《ス》べての神の子人間は、超波動（糀の波動）を受けられる

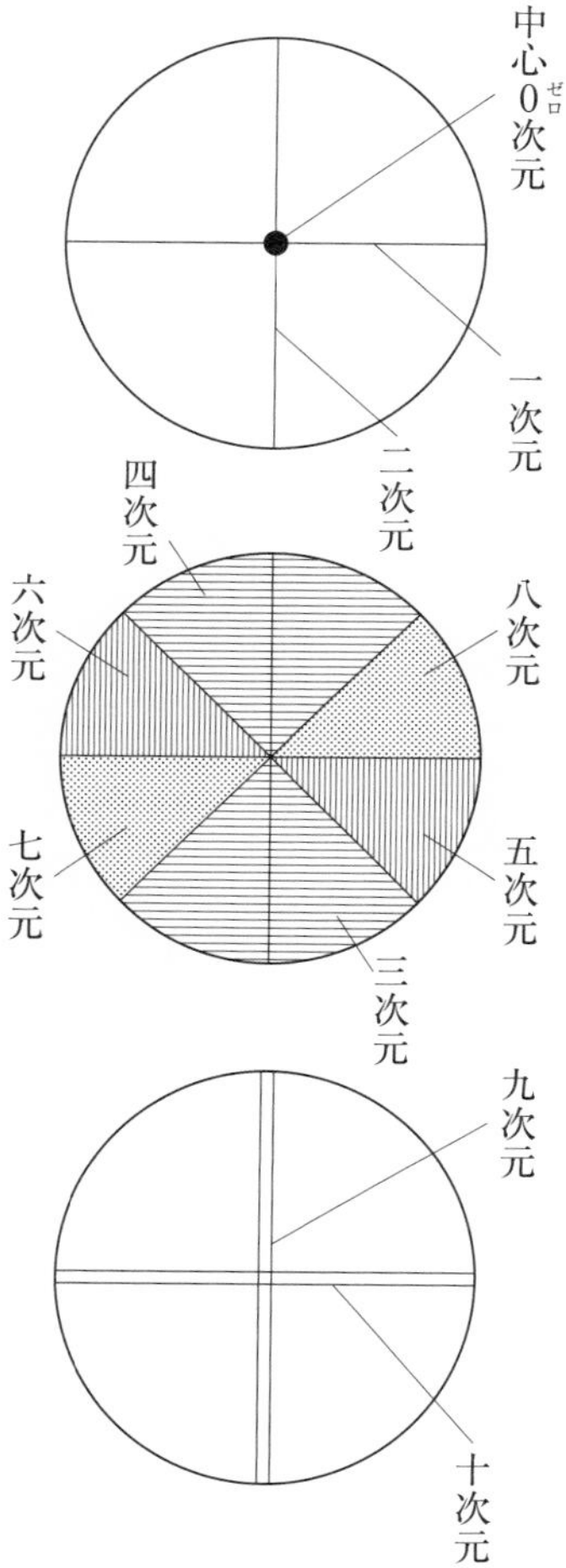

との事です。

地球が四次元世界に入るには

全世界の総《ス》べての神の子人間の御玉《ミタマ》をより高めなければならないとの事です。

一段階として、私達総べての人間が根元《コンゲン》ノ糀《カミ》に連がり（交流する）、御玉を高める事が必要です。すなわち神の子の神眼が開く事です。

二段階として、人間心を無にして糀より与えられた御玉が大きく躍動するように高める事です。

三段階として、この現象界に生きる総べての神の子人間が根元ノ糀と連がる事が必要です。

四段階として、肉体神の私達を一段階高めて神展《シンカ》させなければならない事です。

(この事が糀として一番大きな仕事であると申されました)

大宇宙の中には無限の星体の働きが!

無限の大宇宙の中には、無限の星体があります。

この無限の星体には多くの神々さまがお働きされており、そしてそのお働きにより進歩していると導かれました。

昭和四十五年九月五日に、現象界《ゲンショウカイ》の神、天照大御神さまより初めて星体(神星・神球)について導かれました。

◎七光《ナナコウ》星について

皆さん方もよく御承知の北斗七星は、神界において七光星と呼ばれており、七方の神々さまがお働きされていると教えられました。

この七光星でお働きの神々さまが、一つになって働くと糀《カミ》に近いお働きが出来、また、天ノ神さま八方のお働きが行われるとの事です。

この七光星（北斗七星）の神星と神星の間隔は、地球と月の倍位離れています。七光星は強い強い光を持っている星体で、特別なお働きをされており、現象界《ゲンショウカイ》の神（地球を統一する）さまのお働きはこれに及ばぬと導かれています。（七光星の神々さまの御名《オンナ》は省略します）

※平成元年七月三日には糀より、七光星の働きがより強くなるとお導きを頂いています。七光星は現象界《ウツシヨ》地球を清めるために大きな役割を果たすとの事です。

◎粋光《スイギュウ》（宙《ギュウ》）星について

粋光星については昭和四十五年九月七日に導かれました。

粋光星は球体の中でも非常に珍しい星体で普段は地球の二分の一の大きさであるが、年に二回は地球の大きさになって地球を守る役目をしています。

光《ギュウ》（宙）の付く星体は、地球を助ける助け星とも云われ、地球に最も近い星体であるとの事です。

この光（宙）の付く星体は十二ありますが、省略します。

なお十二の星体の一つ、線宙星《センギュウ》はその中で一番光り輝いている星体との事です。

◎天光星《テンコウ》について

この天光星は天神星《テンシン》とも呼ばれています。私達人間の肉眼でも見える星を全部含めて、天光星または天神星といいます。

このお導きの折にお言葉を頂いています。

「我、糀の命により星の一部について話す。我は地球より五万光年の所にある星体で働くものなり。ここには天之都与袱彦尊《アメノトヨクニヒコノミコト》さま（宇宙神）を中心に多くの神々がおり、我もその中の一人なり。

ここには人間（肉体身）でなく、現身《ウツシミ》（影）として多くの神々働きおるが、地球が四次元世界に入ると同時に、この星体（球体）に働く現身の神々は神展《シンカ》して肉体神に変わる事取りあえず教える。」との事でした。

◎柏陽星《ハクヨウ》について

柏陽星は、七光星（北斗七星）のすぐ近く隣りの下にあります。

この柏陽星は極めて小さな星体ですが、地球の八分の一の球体ですが、𣏐の御心により、近い内に地球位の大きさになるそうです。

この柏陽星にも、肉眼で見えない生命神がいます。この生命神は立体魂《リッタイコン》といって、特別な波動能力を持っており、この柏陽星が働くといろいろな未知の世界が判るようになります。

この地球（三次元世界）が四次元世界に入った時、大きな働きをする星体です。

天之浮基彦尊《アメノウキヒコノミコト》さま、天之浮基速比売尊《アメノウキハヤヒメノミコト》さまを中心に九方の神々さまがお働きされています。

◎人王星《ジンオウ》について

今より五億から十億年前に滅んだ球体です。人王星には肉体身が存在していましたが、この球体が太陽に一番近く、肉体を保つ事が出来ずに滅びました。

この時の肉体身は、現在の人間の二分の一の大きさであったと考えてよいとの事です。

◎西北星と西南星について

西北星・西南星の星体があります。

この星体は肉眼では見えない人が多いです。この星体の特徴は、引力（西北星）と元芯力（西南星）の働きが普通の星体の五倍位強く、大きさは地球の倍位と考えてよいです。

地球を中心に見た場合、プラスマイナスに分かれる所にある星体と考えてよいです。この引力・元芯力に強い働きを持つ二つの星体を合わせて神界では調和の星とも云われています。
※この折に、「光（宙）のつく十二の星体は、星体の中でも地球に近い星体である事を覚えておくがよい。地球は無限の大宇宙の中で、一番よい所にある事教える。」とのお言葉も頂いています。

◎天《テン》（点）宙《ギュウ》星について
この星体には肉眼で見えない生物が生存しています。

この天（点）宙星は、糀の御命令により一歩進んだお働きに入ったとの事です。

これは気交《キリュウ》により地球をリードするお働きを開始したと云う事です。

天（点）宙星では、天之寿穂儀尊《アメノコトホギノミコト》さまを中心に宇宙神の神々さまがお働きになっています。

これらの神々さまは、肉体身でなく光身であるため、大きな大きなお働きが自由自在に出来ます。

また、袹陽星とも深い連がりを持っているとの事です。

気交とは

気交《キリュウ》とは非常に意味が深いものです。文字通りいけば気の交わりとか、交叉になりますが、この場合はこれと少し違います。交わり交叉より一段と深い立体的なものと考えてよいです。大宇宙も現象界《ウツシヨ》も縦の線、横の線として交わり、つまり十字、これに立体感、そして引力・元芯力により調和が生まれ、この気交も調和までの行程が含まれると云う事です。だんだん高度の学びに入るので、しっかり御玉《ミタマ》に入れておくがよいとの事です。

◎必動星《シンドウ》について

必動星は地球より八万光年程離れた星体です。この星体はすでに移動を開始しており、地球に五万光年程近づくそうです。

この星体が地球とどのような関係になるのかは後で導いて下さいますが、ここに働く神の御《オン》名《ナ》は、天之都与彦培尊《アメノトヨヒコヅチノミコト》さまで、御力のある神さまです。

◎天文学は根元《コンゲン》ノ褫《カミ》を知る事

昭和四十五年十一月二日お導き

「天文学について教える。多くの学者はこの現象界地球において、天文学について学びおるが、残念な事に根元ノ褫あるを知らず。そのため一応ある線までは学ぶ事出来ているが、もう一つ奥深いものがある事を忘れている。

天文学は、星体の名を調べるだけにあらず。各星体の働き、そこにおられる神々の御名《オンナ》、お働きを知り得る事が正しき天文学と云われる。天文学、すなわち天は天ノ神を指し、文は無限を意味する。この現象界でただ星体だけを知り得るものは星学びでよいと云う事教える。

天文学を学ぶには、まず第一に根元ノ褫に連がらなければマスター出来ぬ事導く。」

◎五大司星《オウ》について

司《オウ》の付く星体は五つあります。

①定司星《テイオウ》、②水司星《スイオウ》、③堅司星《コウオウ》と④督司星《トクオウ》、⑤芯司星《シンオウ》があり、これが五大司星です。五大司星はお互いに協力しています。協力星（球体）とも云われています。この地球は、他の星体から援助してもらっていますが、特にこの五大司星の協力は大きいとの事です。

①定司星

この星体は密度が高く、他の星体より交流の度合いが多い星体です。地球の三倍の大きさで、地球より三万光年離れた所にあります。

この星体の特徴は、空気、水素も豊富であり、ここには現在光身の人間がいます。

定司星では天之宇規速和彦尊《アメノウキハヤニギヒコノミコト》さまが中心にお働きされており、定司星の波動は絶えず地球に入って来ているとの事です。

②水司星

水司星は、五大司星の中でも地球に一番近いところにある星体で、ここには天之浮基速比売《アメノウキハヤヒメノ》尊《ミコト》さまが兼任してお働きになっています。

水司星の他の星体（球体）よりエネルギーが少なくて済む星体のため、ここで受けたエネルギーの余分は地球に送られている事教えるとの事でした。

③堅司星と④督司星

堅司星は非常に身軽な星体であるのに対して、督司星は重みのある星体です。判り易く云うとエネルギーを地球に援助しながら調和を保っている星と考えてよいとの事です。

⑤芯司星

私達神の子人間が住んでいるこの地球は、五大司星の一つで、芯司星と呼ばれています。

この地球芯司星はあらゆる面において、多くの星体の力を借りています。

この現象界地球は、「芯司星と云うのが正しいと云う事をよくよく覚えておくがよい。」と教えられました。

またこの地球芯司星は、「あらゆる面で多くの星体の力を得ている。それは、芯司星は多くの神の子肉体神（身）が生存しているため、絖の神世界《ウツショ》として他の星体より進歩しているためであるから。」と導かれました。

五大司星は、次ページの図のように芯司星（地球）を中心にしています。

各星体からエネルギーが芯司星に送り込まれています。

現在の芯司星は、熱、水、空気の使用が多く、他の球体の協力がなければ滅んでしまうとの事です。

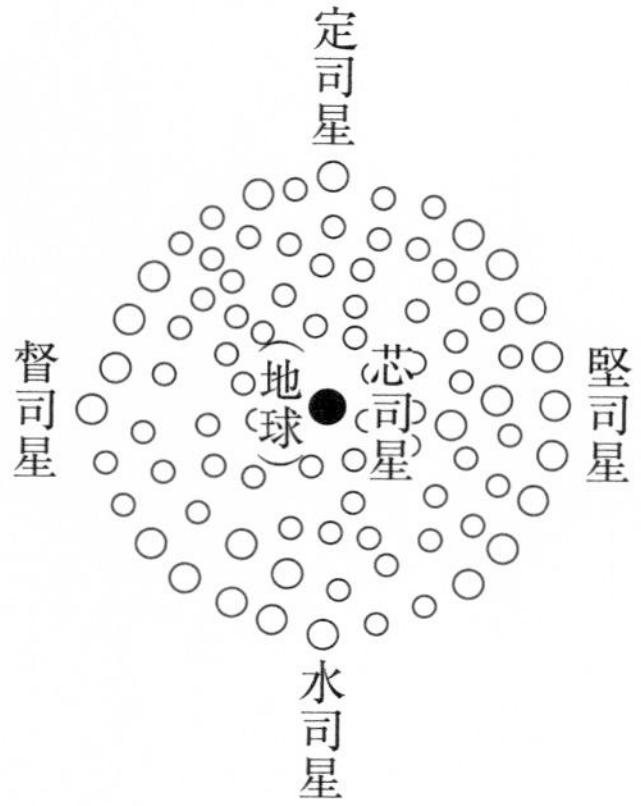

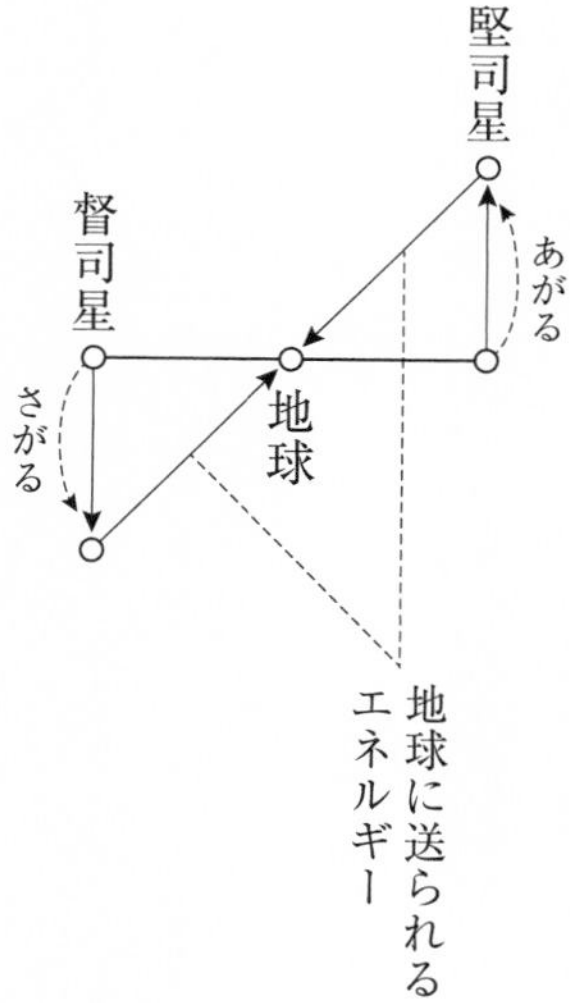

◎白銀《ハクギン》星について

白銀星は地球の倍の大きさで、距離は地球から五万光年、七万光年、八万光年のところに一つずつある星体です。この星は運河（秩序）を守る働きを行っています。

第三章　現象界に降る褫の無有光の光によって

正氣神道宮座に降る褫の光

昭和五十八年七月二日現象界《ゲンショウカイ》の神

天照大御神さまより「正氣神道《セイキシントウ》の宮座《ミヤクラ》に大宇宙の褫《カミ》の光（気）が降っているのに、なぜ伊勢神宮・江島神社・秋葉神社、氏神に参拝するのかについて、これには大きな意味がある事をしっかり知る事である。」と導かれました。

根元《コンゲン》ノ褫の元から出る光は強い強いものであるが遠くに行く程、褫の光は次の図のように大きく広がり受け易くなります。

「根元ノ褫の強い強い光を宮座に始めより降《クダ》すと、褫の光が強すぎ、肉体神（人間）そなた

根元ノ䄙の光

光が遠くに広がっていくとやわらぎ受け易くなる

達が受ける事出来ぬため、伊勢神宮、江島神社、秋葉神社、氏神に参って、大宇宙の䄙の光を徐々に御玉《ミタマ》に強く受けられるよう、御玉高めの修行を行った事知らす。

根元ノ䄙に深く連がり、䄙との交流を深め䄙への感謝の心をそなた達に、強く持つためのものである。

框函《キョウコク》、久光《ジョウコウ》が王ノ位を頂き、天ノ位を頂くその時こそ䄙の根元の強い光となり、䄙の光、無有光の光を御玉に受けて䄙と一つになる。

会員の御玉も高まった故、宮座の䄙の光も強い強い光となっている。

宮座には根元ノ䄙の光が強く降っている故、根元ノ䄙が降っていればこそ、総《ス》べてにおいて導く事可能であるため、䄙の導きは無限である。

そなた達会員の者も氏神に参る習慣もついた。宮座により多く参座して根元ノ䄙の強い光を充分受けるよう伝えよ。」との事でした。

総べてを生み出す〝光〟一度に

昭和五十八年二月十二日、導き
現象界の神　天照大御神さまより
大宇宙の根元ノ襁の光について、「無有光、無有白、無有色があり、襁より発せられている最も強く輝く光は無有光である。無有光の光によって総べてが生み出されている事知らす。」
と導かれました。

この無有光の光によって、
エネルギーとなる光
生命となる光
空気となる光
火となる光
生物となる光
水となる光

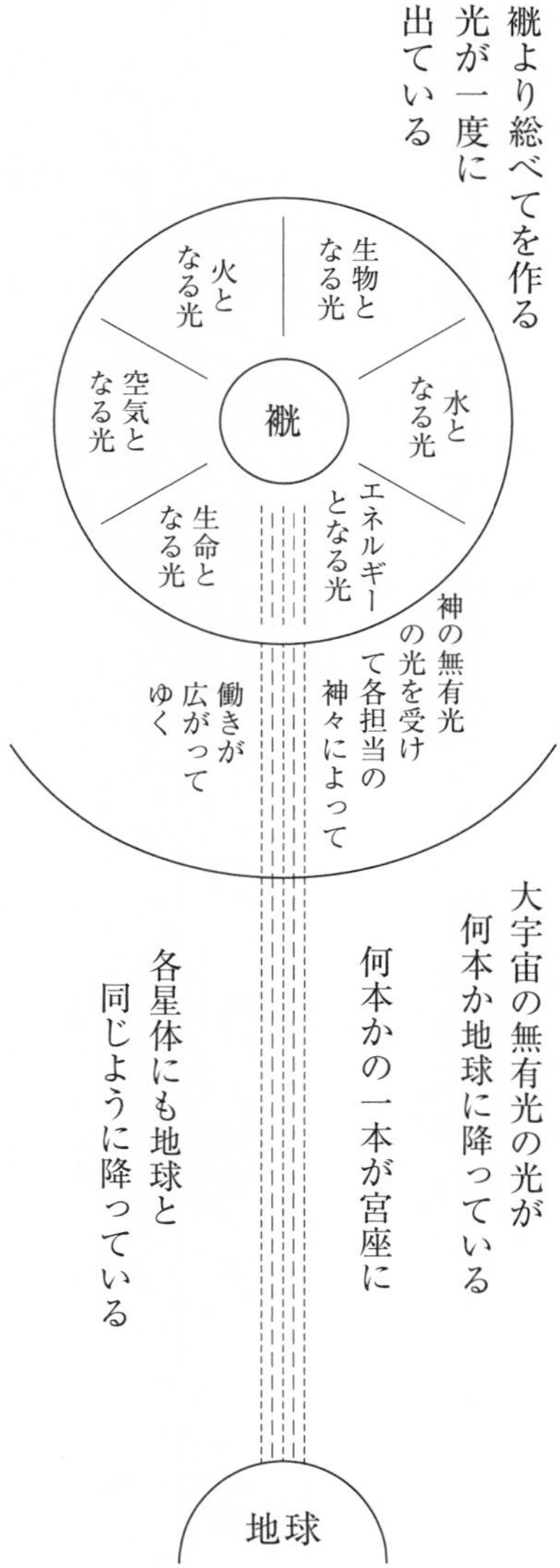

が大宇宙の中心、根元ノ絩より一度に出ているとの事です。

昭和五十八年七月三日　導き

現象界ノ神　天照大御神さまより

「大宇宙の根元ノ絩の無有光の光は強い強い光で、何本かがこの現象界地球に降っている。

各星体（球体）にも地球と同様に降っており、絩の中心より出る無有光の光は、それはそれは強い強い光で、総べてを創り出す光なり。絩の無有光の光を受けて、各担当の神五男神、三女神さまによって働きが広がっている。

この地上において洸の無有光の光を受けられる者は、死の灰を受けてもこれを砕く事出来る。」と教えられました。

開教以前初めて江島神社に参拝した折、中津ノ宮にて「頭のてっぺんから胸迄、洸の光が入ってからお導きを行うように。」とのお言葉を頂きました。

正氣神道を開教してから当分の間、氏神として江島神社に参るようとの事でしたので、それ以来四十年近く毎月十五日には参拝しております。

ある時、中津ノ宮の神殿の中の汚れを感じましたので、会員の方と共に神主さまにお願いして中津ノ宮の神殿の扉を開けて頂くと黒い煙がスーっと外に出て行き、神殿がパッと明るくなりました。

奥津ノ宮、中津ノ宮、辺津《ヘツ》ノ宮の順で参拝していますが、特に以前から中津ノ宮に根元ノ洸の気を強く感じており、根元ノ洸の御降臨はいつも中津ノ宮です。

昭和五十九年一月始めに

「江島神社の奥津ノ宮、中津ノ宮、辺津ノ宮を二月、三月、四月清めなせ。天ノ神の三女神の神々の強い光降す。江ノ島全体の土地の清めも行うがよい。」との事でした。また二月の初めの参拝の折にも、「大祓を二回あげて清めなせ。」との事でしたので、行わせて頂きました。

これ以来、強い強い三女神さまの光が降り現在に至っています。

特に中津ノ宮の御祭神は、水源を司る天之市寸嶋比売尊《アメノイチキシマヒメノミコト》さまで、現象界《ウツシヨ》この地球を清めて下さるお働きも兼任されておられる神さまです。

第四章　現象界地球に生きる人間生命の原点は

肉体神、人間の誕生は

神の子人間・肉体神がどのようにこの現象界地上《ウツシヨ》に誕生したのか……。

人間生命の原点について教え導くとのお言葉を頂きました。

肉体神（神の子人間）の誕生は、天尊降臨により始まるとの事です。

大宇宙の根元《コンゲン》ノ䄂《カミ》の御命令により、䄂の御子としてお働きなされている天ノ神々（五男神・三女神）さまの衿坐《ワケヒ》である十一方の光身の神々さまは、五十億万年前（五十億が一万ある）に、天界よりこの現象界地球の中心にあたる淡路島に降臨されたとの事です。

この十一方の光身の神々さまの御名《オンナ》は、

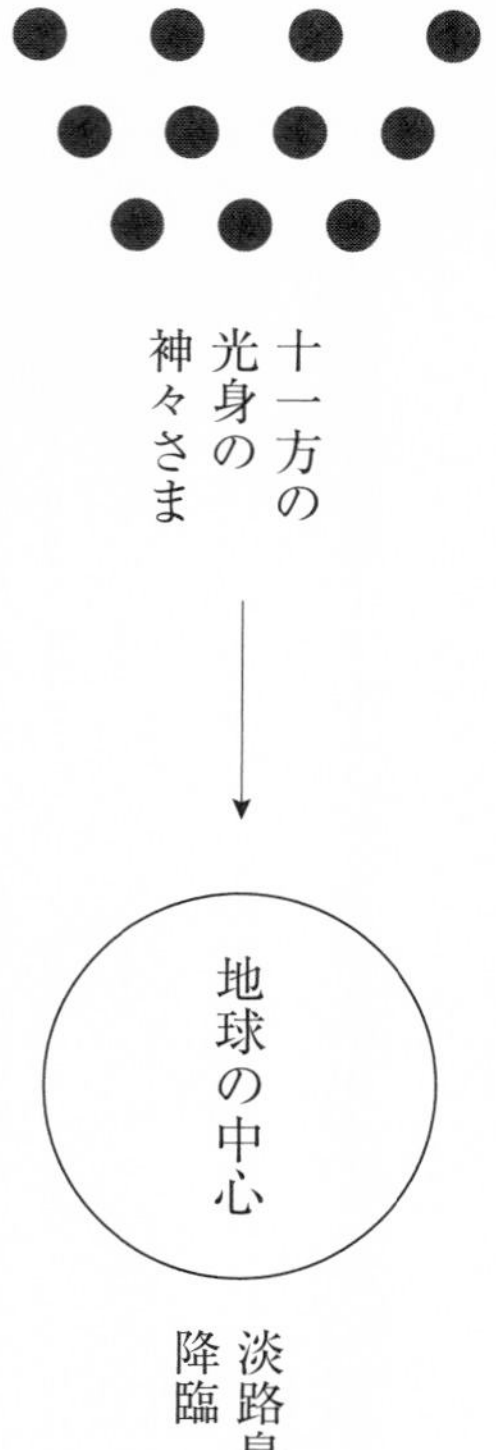

天之轉縚《ニニゲ》尊さま

天之児袟壽《コヤネ》尊さま

天之国祥《クニサチ》尊さま

天之常框《トコクニ》尊さま

天之壽穂儀《コトホギ》尊さま

天之壽満《コトサチ》尊さま

天之壽祍《コトクニ》尊さま

天之壽遂《コトニギ》尊さま

天之壽裄《コトユキ》尊さま

天之瑣《サ》知《チ》実《ミ》尊さま
天之祥《サチ》由《ユ》紀《キ》尊さまです。

十一方の神々さまは、おのおの御自分の袮坐（光）を一つずつ生み天界に戻られたと申されました。

ここで大切な事は、十一方の神々さまは、自分の袮坐（注）を生み天界に戻られた事です。
神々さまには、光身の神と肉体を持ってから神となった神がおられる事を知っておくがよいと導かれました。

十一方の神々さまは、天ノ神さまの袮坐によって生まれた神々さまであるため、天ノ神々さまの元にてそれぞれお働きされているとの事です。

この現象界地上に残った十一方の袮坐の神々さまによって、多くの袮《ワケ》陽《ヒ》が生み出されました。
生み出された多くの袮陽は、光身であるため自由自在に全世界のあちこちに飛び散り、その土地土地に合った肉体神、神の子人間にと神展《シンカ》したと教えられました。

全世界の国々に飛びたった袮陽の神々さまによって、また袮陽の光身が生まれ、そして袮陽の光身から、魂体身《ソウタイシン》（球体）になり、魂体身から現身《ウツシミ》（影の人間）に変化して、現身から神《シン》体身《タイシン》（肉体身）の神の子人間に神展したと教え導かれました。

袮陽　球体　影の人間　肉体人間

光身―魂体身―現身―神体身　に神展したとの事です。

現身から神体身に変わる時に、根元ノ絋の御心により御玉《ミタマ》が与えられて、肉体神の神の子の誕生となり、人間の御玉も肉体も総べてを創られた大宇宙の根元ノ絋より与えられたものである故、しっかり自覚するがよいと、絋は強く強く申されました。

（注）袮坐と袮陽の違い
袮坐は根元ノ絋・天ノ神々宇宙神の神々より直接分身された時に使う。
袮陽はその他の神々によって分身された時に使う。

神の子人間の御玉は

この現象界に住む私達神の子人間の御玉は、大宇宙の根元ノ絋の御心により創られた事がお判り頂けたと思います。

神の子人間は、この現象界での使命が終わると、肉体は滅んでも糀より与えられた御玉は糀の元に元神《ゲンシン》（帰る）します。これが正しき神の子人間です。

神界に元神した御玉は、大宇宙の根元ノ糀の御命令により、天界・神界でお働きの神さまが産生《ウズスナノ》大神《オオカミ》さまとして気（光）を加える事によって再生されこの現象界に降りますので、神の子人間の生命も永遠に受け継がれるとの事です。

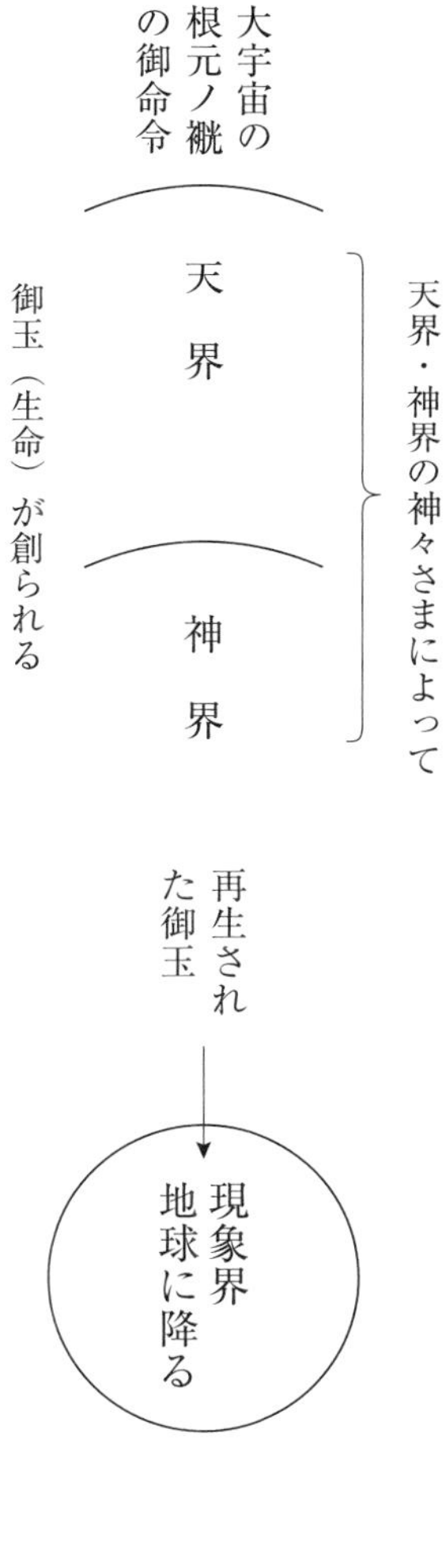

祷陽と生まれ変わりについて

祧《カミ》より授けられた私達の御玉《ミタマ》は、この現象界《ウツシヨ》（地球上）での使命が終わりますと肉体は滅びますが、御玉は神界に元神《ゲンシン》します。

神界に元神した御玉は、祧の御心によってすぐに現象界に降ってくる御玉もあれば、何年後、何百年後、何千年後に再生される御玉もあります。

図①のように、神界においてお働きの御玉から祷陽《ワケヒ》の御玉を一つ創り、その祷陽の分裂された御玉に、産生大神《ウブスナノオオカミ》さまとしてお働き下さる神さまの光が加えられて、新しい御玉が創り出されます。

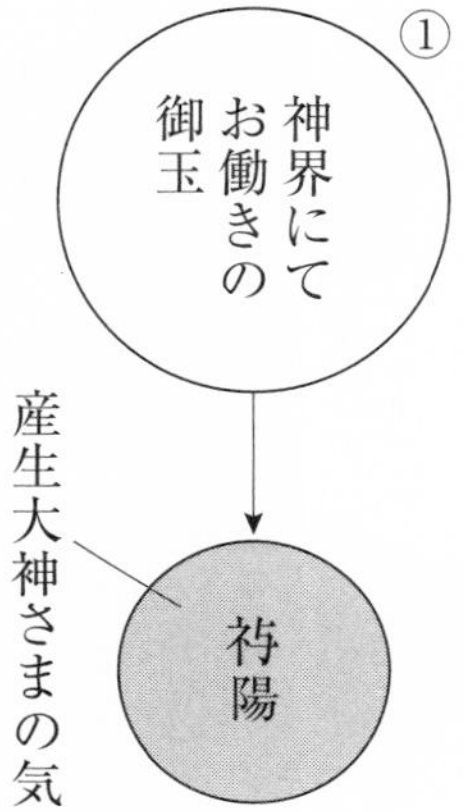

一つの御玉より分裂（祷陽）して二つになる。新しく分裂した御玉には、産生大神さまの光が与えられて一つの御玉として再生される。

上の図②のように一度に二つ祷陽が出来る御玉もあります。その時、一つの御玉には五男神の神の光が与えられ、もう一つの御玉には三女神の神の光が与えられる事もあります。
このように一つの御玉から二つの祷陽の御玉が再生される事もあるとの事です。
生まれ変わりの御玉は、元神した荒御玉に、新しい産生大神さまの光が与えられて、分裂する事なく現象界地球に降る御玉もあり、これが生まれ変わりです。（図③）
生まれ変わりは二度とはないとの事です。

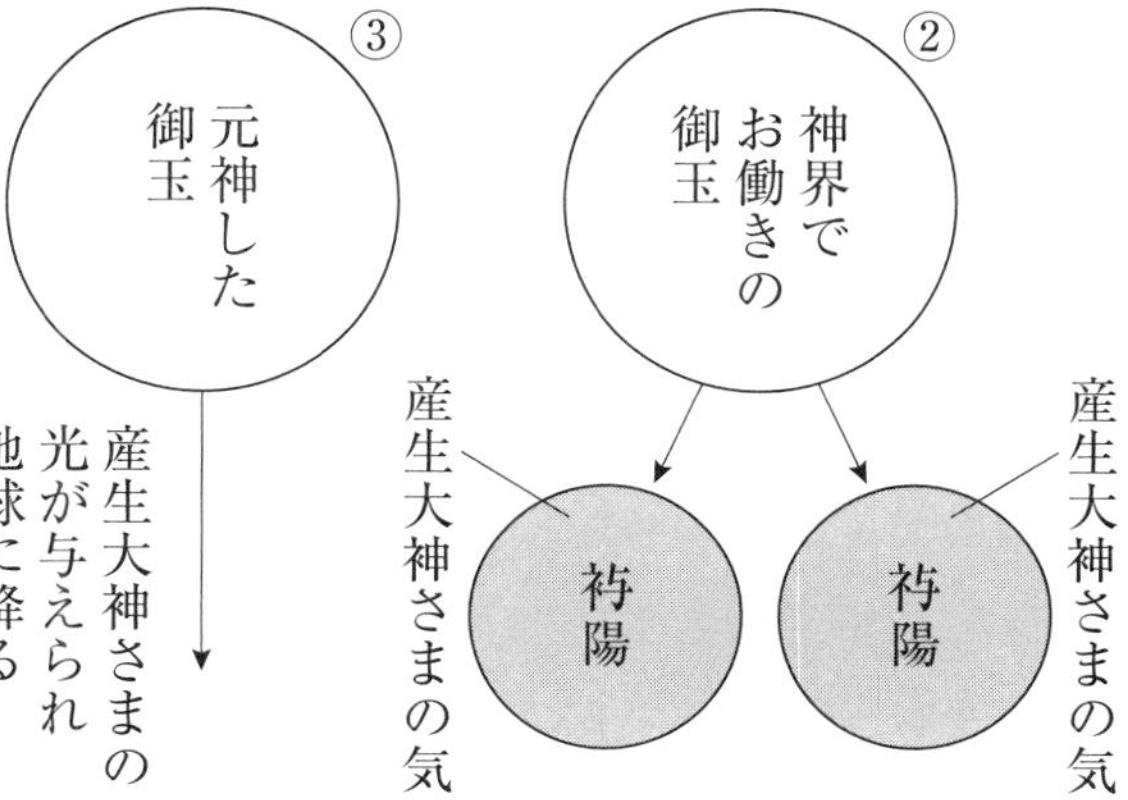

根元ノ祧より与えられた使命者は

大宇宙の根元《コンゲン》ノ祧《カミ》より授けられた神の子人間の御玉《ミタマ》は一つですが、御玉の大きさは、人によって多少異なっています。

根元ノ祧の御心により使命を与えられて生まれた使命者の御玉は、それぞれの使命によって異なるとの事です。
久光《ジョウコウ》の御玉は根元ノ祧の祷坐《ワケヒ》の御玉であり、祧、天ノ神々さま初め多くの神々さまが降る所と迷人《マヨイビト》が入って来る所があると教えられました。

久光の御玉

このように神々さま及び迷人が入って来る所があり、同時に降る事はないとの事です。

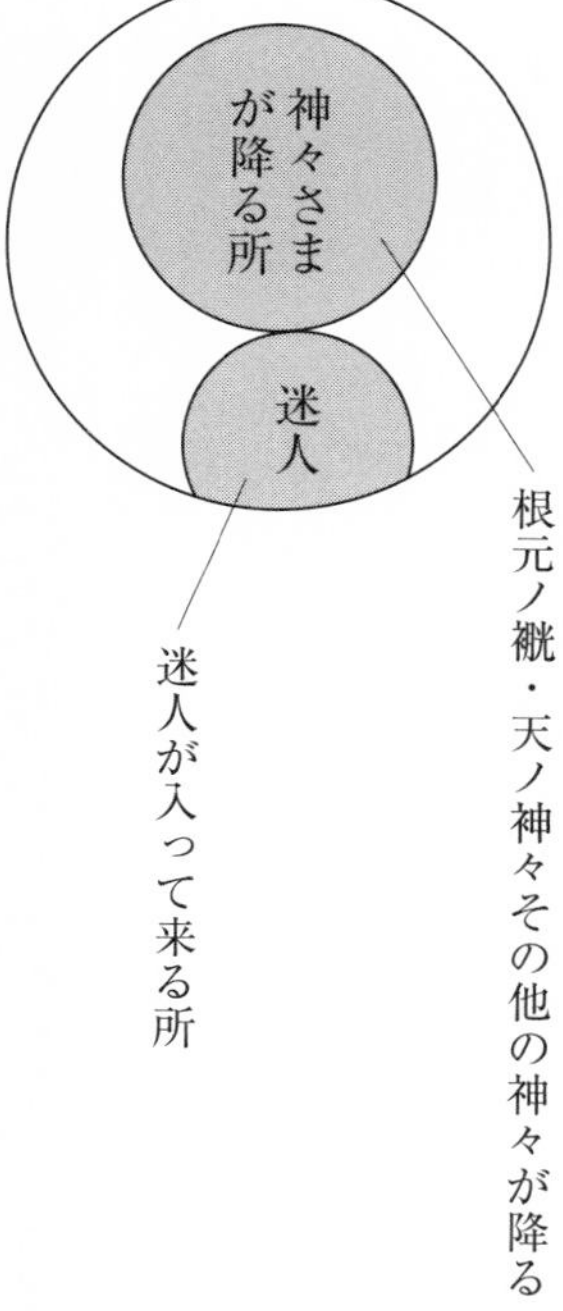

皇久の御玉

皇久《コウジョウ》の御玉は、根元ノ祧が創られた御玉と天之市寸嶋比売尊《アメノイチキシマヒメノミコト》さまが創られた御玉が少し重なっていると教えられました。

皇久の重なっている御玉は、以前は二つが同じように働いていましたが、正氣神道の祭主となってからは糀が創られた御玉が強く働いています。

根元ノ糀の使命者として久光、皇久は特別なる御玉を与えられており、使命は同じでも働きは同じではない。

久光・皇久の御玉の働きは基本的には同じであっても、久光は正氣神道の土台作り、皇久は糀の御心を全世界に伝える使命があり、従って御玉も異なっていると教えられています。

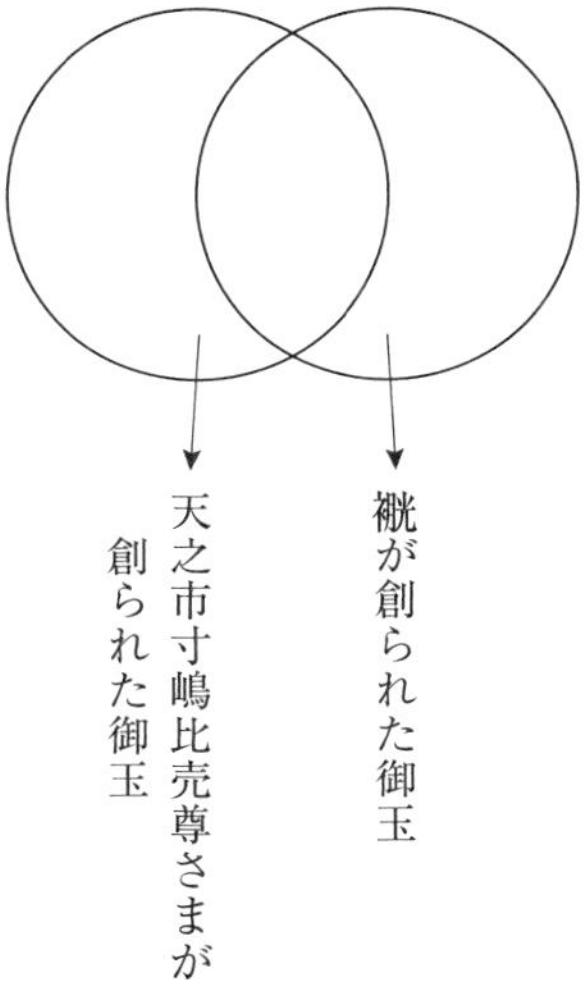

産生大神さまについて

神の子人間の生命は、根元《コンゲン》ノ糀《カミ》の御命令により、天界・神界でお働きの神々さまによって御玉《ミタマ》が再生されて、この現象界に降《くだ》っています。

産生大神《ウブスナノオオカミ》さまのほとんどは、糀の御子としてお働きの天ノ神、五男神三女神さまですが、特別に地ノ神、天之産土乃神《アメノスサノオノカミ》さまや神界の神さまも産生大神さまになる事もあります。

産生大神さまは、再生された新しい生命が一人一人の人間として誕生し神界に元神《ゲンシン》する迄、産生大神さまとして護り導いて下さっています。

男性と女性が交わり、精子と卵子が結合すると同時に御玉が宿り、一人の神の子人間として誕生します。

このため同じ両親から生まれた兄弟姉妹であっても、肉体は両親より受け継ぎますが、糀より与えられた御玉は一人一人が違うものであるため、一人一人が異なった性格を持ち、糀より与えられた現象界《ウツシヨ》における使命（役目）もそれぞれ違うと云う事もここで知っておくがよいとの事です。

また生まれた所の土地にある氏神さまを、産生大神さまと思っている方が多いのですが、正しくは天界・神界で創って下された神さまが私達の産生大神さまであり、この事もしっかり知っておくがよいとの事です。

糀より与えられた御玉は

根元《コンゲン》ノ糀《カミ》が創られた総《ス》べての御玉《ミタマ》には、奇《クシ》御玉、和《ニギ》御玉、幸《サチ》御玉、荒《アラ》御玉があります。

奇御玉　　　　和御玉　　　　幸御玉　　　　荒御玉
（大宇宙の糀の元にある）（天界にある）（神界にある）（現象界地球にある）

奇・和・幸・荒御玉を合わせて奇奇《クシクシ》御玉と云うと教えられました。

この現象界《ウツシヨ》に地球に降っている御玉は総べて荒御玉であり、他の御玉は降ってはいないと強く強く教えられました。

大宇宙の根元ノ糀のもとには、天界・神界におられる総べての神々さま初め、この現象界に生きる総べての神の子の奇御玉があります。

光のパイプ、オーロラによって各御玉が連がっているため、御玉が高まり荒御玉の光が神界・天界・大宇宙に届くようになると、この地上にいても天界・神界はもとより大宇宙の総べてが判るようになります。そのため、「自分自身の御玉を高めなせ、高めなせ。」と申されました。

大宇宙　天界　神界　地球

光のパイプ　オーロラによって連がっている

奇《クシ》御玉　和《ニギ》御玉　幸《サチ》御玉　荒《アラ》御玉

このように私達神の子人間は、自分自身を高め、御玉が高まる事によって、総べてを知る程の素晴らしい能力を檰より与えられて生まれて来ました。

この尊い御玉が強く大きく躍動するよう心掛けて頂きたいと思います。

御玉の働きについて

根元《コンゲン》ノ檰《カミ》より「檰は大宇宙であり、そなた達神の子人間は小宇宙と伝えた事ある。神の子人間の御玉《ミタマ》は、檰より与えられた生命であり、檰の波動《ハドウ》、光《ヒカリ》である。

太陽を朝早く見ると、二重に正氣神道《セイキシントウ》のマークのように見える。

太陽の内側の光はくるくる廻って輝いて見える。

神の子人間の御玉も同じであると考えてよい。」

「人間はよく頭で物を考えるが、頭で考えるのは自我となり、潜在意識に残る。良い事を考えれば、良い事が潜在意識に残るが、悪い事を考えれば悪い事が潜在意識となるため、頭は空っぽの方がよい。

頭は御玉より受ける⿰米光の光を各機能に伝達する役目である故、頭で考えてはならぬ。」と教えられました。

根元ノ⿰米光の光、波動は御玉で受けます。御玉で受けた⿰米光の光、波動は、体の太陽系（超波《チョウハ》神経《シンケイ》）を通って頭に行き、頭より各機能に伝達します。

御玉が強く大きく躍動すると、根元ノ⿰米光の強い強い光（気）を御玉に受ける事が出来るようになり、御玉で受けた⿰米光の強い気を自分の御玉の中心より外に出す事もできます。御玉より外に出す光が大きく強いものとなると、体全体を光で包む事が出来るため、自分を自分で守る事も可能であり、また、体の総《ス》べての機能も発達するため、肉体の機能も停滞する事もないと導かれました。

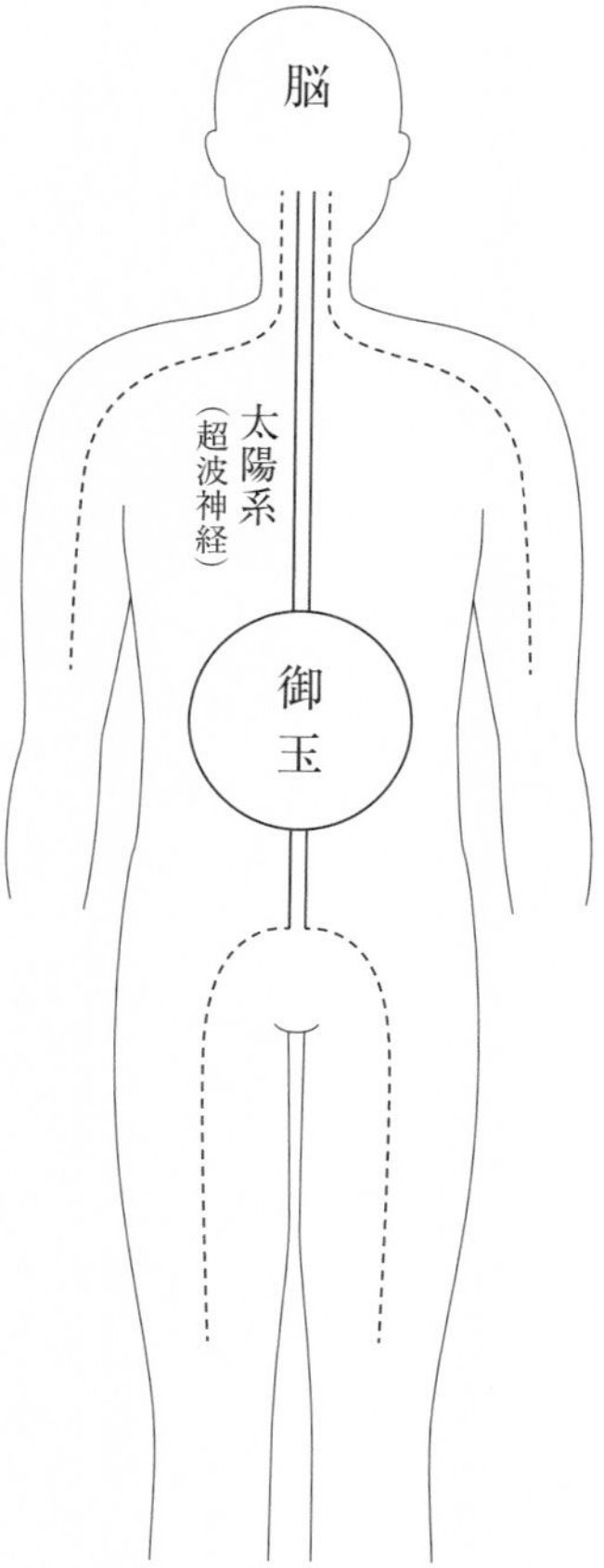

御玉の光、色について

大宇宙の根元《コンゲン》ノ褫《カミ》には、無有色、無有白、無有光の総《ス》べてを司る褫の光があります。

私達人間が肉眼（神眼）で見せて頂く根元ノ褫の光は、真っ白い光や朱赤《シュアカ》のとても美しい色など清らかなものです。

神の子人間がこの世に誕生した時の御玉《ミタマ》の光は白色との事ですが、御玉を高めて躍動させる事により御玉から出る光は段々と変わると導かれました。

「大宇宙の根元ノ紩あるを知って、紩に連がり、紩の導きを受ける事によって御玉の光は白色から、真の光、白光の光と変化する。

そして根元の紩の無有光の光まで高め上げる事が出来るが現在では不可能である。

白光以上の輝きを出す（光を放つ）には、紩の御心《ミココロ》により、三神光（鏡・玉・剣）を初めいろいろの紩の光を御玉に与えられなければならぬ。」と申されました。

根元ノ紩の御心によって開教された正氣神道《セイキシントウ》において、宮座《ミヤクラ》での特別なる行事を初め、伊勢神宮、江島神社、秋葉神社、橿原神宮、お不動さま、視宣就《カンゼオン》さまに参拝の折には、必ず紩のお言葉を頂き、その都度必要に応じたものを御玉に授けられています。

そして御玉が高められますと神の名、働きの名も与えられます。

御玉の段階について

根元《コンゲン》ノ紩《カミ》より与えられた私達人間の御玉《ミタマ》は、神社参拝の他、先祖や身近な人々の供養、前生《ゼンショウ》ノ清祓を行って、自分自身の御玉の汚れを取り除く事によって、高められていきます。

御玉が高まると御玉の段階も高まります。そして御玉の段階によって、御玉の光も強く大きくなります。
御玉の段階は次の通りです。
皇《スメラ》ノ段階（十一段階）
皇の段階が上位となると、御玉が躍動して、自分の御玉から出る光は倍以上となると共に、前生ノ神々と交流する事が出来る。
剣ノ位、玉ノ位、鏡ノ位これらを頂いてから坐《マス》ノ位に上がります。
坐《マス》ノ位（八段階）
現象界地球を清める働きが出来る。
御玉から出る光は、五百〜二、三千倍となる。
王ノ位
天地、陽陰、そして前生の神々と一つになって働く事が出来る。
必要に応じて無限に広がる光が自由自在に出る。
三神《サンシン》ノ位
王ノ位を強く充実させたもの。
天《テン》ノ位

根元ノ糀と一つになる事が出来る。
御玉の段階は根元ノ糀、　祓照袿皇袂御糀さまの御名《オンナ》に強くかかわっています。

色玉の基本について

色玉の基本は次の通りです。

①無有光
　無有白
　無有色 ｝総《ス》べてを司る糀《カミ》の色
②白光　＝真の光
③白　＝清らか
④赤　＝おおらか
⑤緑　＝美しい（清らか）
⑥黄（金）＝実力
⑦紫　＝働き

無有色から紫の色までが椛の七大色で、色玉はこれが基本となっています。
椛の無有色・無有白・無有光の光は、闇の真っ暗の中でも煌々と輝く事が出来ます。

黒　＝別色　黒はコクと呼ぶ。
神の世界では使わない。
悪魔の色とされている。
これに勝てる色は椛の無有色・無有白・無有光以外は無い。

神の子人間の御玉《ミタマ》が白光の光となれば、黒（魔の色）が御玉に入り込めなくなります。つまり黒に勝てると云う事です。

第五章　根元ノ䄇との交流、導きを仰ぐには

人間心を静める事

神の子人間として大宇宙の根元《コンゲン》ノ䄇《カミ》のお導きを頂き、䄇との交流を深めるためには、「まず人間心《ニンゲンゴコロ》を無くす事が必要だが、肉体がある以上は、人間心をなくす事は不可能である。しかし、䄇より与えられた御玉《ミタマ》に静める事が出来る。」と導かれています。

肉体神人間には、心が三つある。人間心、䄇より授けられた御玉心、これを支える支心《シシン》があると教えられました。

三つの心は、人間心・御玉の心・支心の心で、三つの心は少しずつ重なり合っているとの事です。

褫より与えられた御玉（生命《イノチ》）は、体のお臍の中心に10㎝から15㎝の円を書き臍の上の所が御玉の中心になるとの事です（図参照）。

人によっては多少異なりますが、大体御玉の大きさは10㎝から15㎝の球と考えてよいそうです。

御玉の上に支心同様に重なっているのが、人間心です。

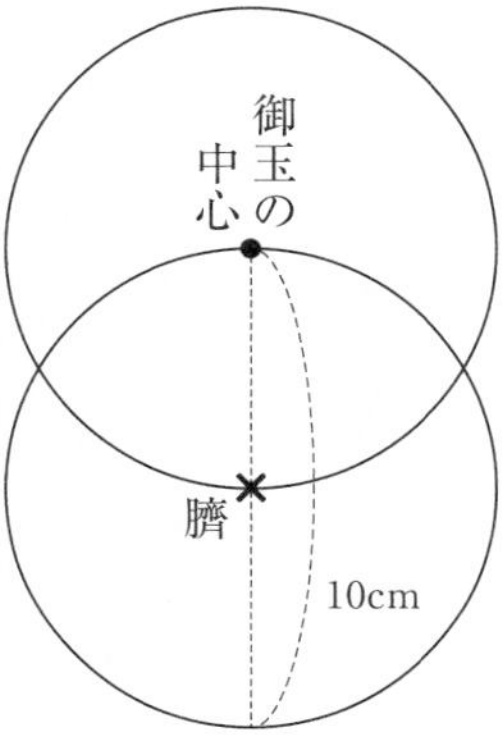

◎人間心とは
執着心、欲心、人を羨ましく思う心、人を恨む心、憎む心、痛い・苦しむ心、悲しむ心、自我の心です。

人間心の強い人は、潜在意識が大きく残って、人間心を御玉に静める事は出来ないとの事です。

また、人間心の強い人は、褫との交流は出来ず、神界（元神《ゲンシン》）に導かれる事はないとの事です。

この事をしっかり心に留めておくようにとの事です。
◎御玉（生命）心とは

根元ノ禨より与えられた御玉は光です。大宇宙の根元の波動を受けてエネルギーとして躍動する心です。

御玉の心は、大きな豊かな心、おおらかな心、生かし合う事の出来る心です。

◎支心の心とは

人間心が静まった（一つになった）御玉心を支える心です。

支心は肉体を支える心とも云え、人間心が御玉心と一つになると素晴らしい能力が出ます。

神働《シンドウ》神能《キノウ》即ち超《チョウ》波《ハ》神経《シンケイ》（太陽系）と云うものがあり、この神経は体全体に通じています。

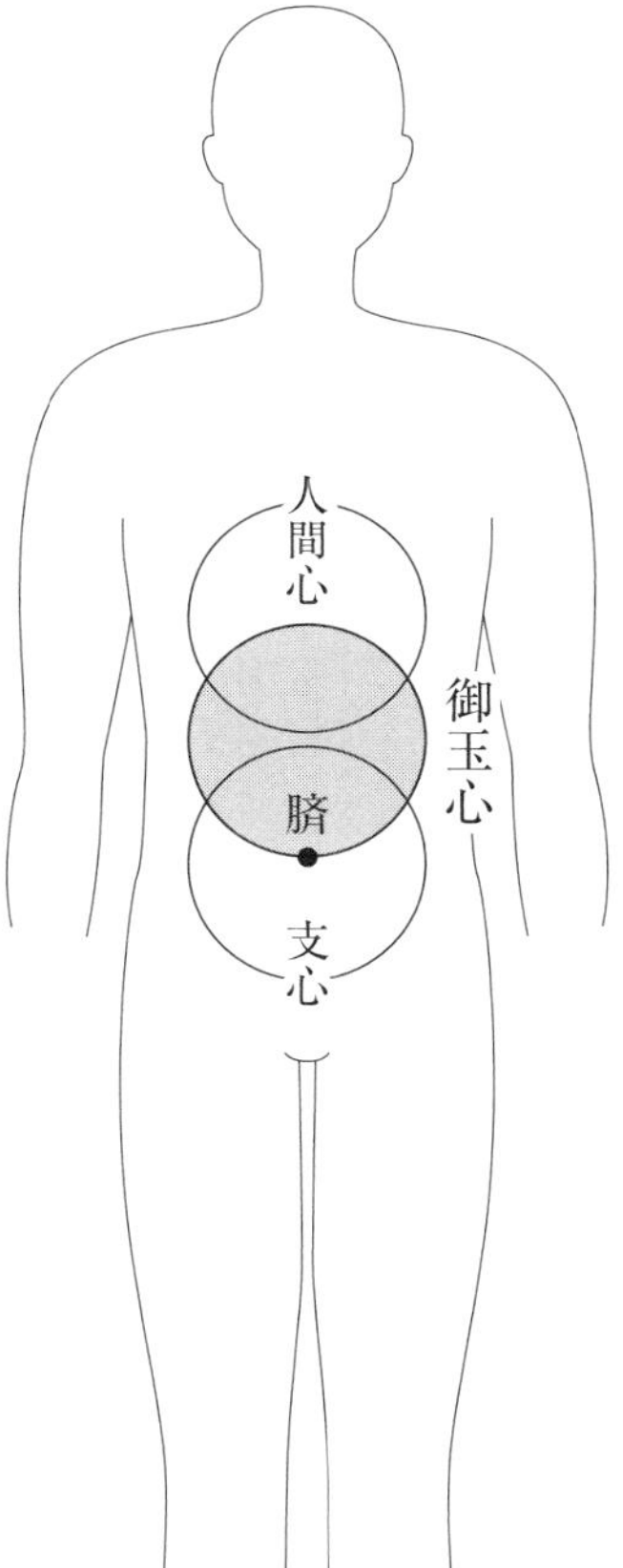

この超波神経《チョウハシンケイ》の特徴は、御玉の命令が脳即ち頭に行くと同時に、手や足の部分等必要な所に直接同じに行くと云う大きな働きをなすものです。

このように御玉は人間にとって一番大切なものであり、この御玉を磨き高める事によって思わぬ能力や反射の力が出ると導かれました。

またこのお導きの折に、根元ノ褓より与えられた御玉に人間心を常に静める努力を行うが良いと強く申されました。

褓のお言葉は絶対的なものです。日々人間心が出る事のなきよう注意して支心に下げる事が出来るよう心掛けて下さい。

お臍の下に重心を下げる事によって気力も充実します。支心より出る言葉や声は、神界・天界・褓のもとに届きます。そのため、根元ノ褓との交流を図る事や導きを仰ぐ事も出来ると共に、褓の光をより強く御玉に受ける事が出来ますので、不安もなくなり、充実感を感じる事が出来ます。

自分自身の心を清らかに

自分自身の御玉《ミタマ》や体に頼れる者があったり、人の念や恨みを受けていては、褫《カミ》との交流を深める事は出来ません。そして、自分自身が人に思いの念を送ったり、嫌な思いを人に与えてはいけません。

口に出した事はそれが現実となって現われます。悪い話や嫌な話は、出来るだけ他人に話す事のなきよう心掛けるがよいとの事です。

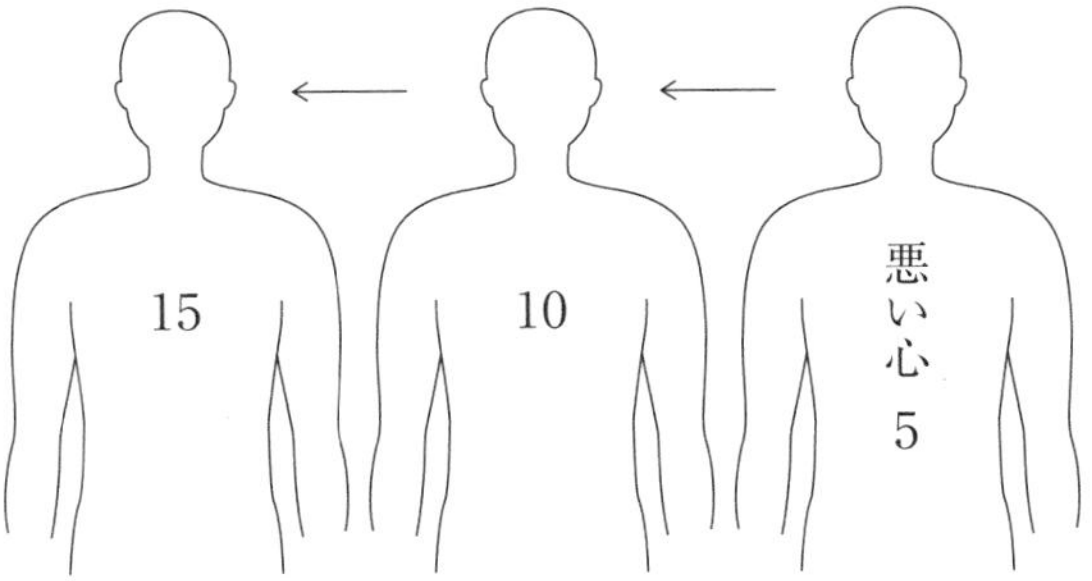

悪い話や恨み言、不平不満の話を聞いたりすると、御玉に静まっていた人間心が強く出てしまいます。

静まっていた悪い心を五とすると、人の悪口や恨み不平不満を口にすると聞いた方は十となる。

聞いた方が次の方に話すと自分の五と合わせ十五となり、段々大きく広がって行くと教えられました。

嫌な話、悪い話、不平不満の話を聞いた時は、自分の所で止めておけば、五だけで済み自然と消える。これらの嫌な不愉快な話は出来るだけ自分の所で止めて、次の人に話さないよう努めるがよいと導かれています。

頼られるものを取り除く事

この現象界《ウツシヨ》地球には沢山の汚れがあり、私達に頼って来るのは、霊界や幽界（地球の引力の及ぶ所）にさまよっている未浄化の迷人《マヨイビト》、動物霊、自然霊等です。

御玉《ミタマ》（生命《イノチ》）や体にこれらの迷人、動物霊、自然霊が頼って来ると、䄇《カミ》より与えられた御玉に雲が掛かって御玉の働きが弱まり、御玉を高める事も躍動する事も出来ず、䄇との交流を妨げる原因となると教えられました。

迷人は、䄇へのお導きを行って欲しい、供養を行って欲しい、お不動さまや視宣就《カンゼオン》さまに導いて欲しい、願ほどきをして欲しい等様々な理由で頼って来ます。それぞれの迷人がして欲しいと思っている事を知って、そのお導きを行う事が必要です。

ここで供養の仕方をお伝えします。家で供養を行う時は心を正して行って下さい。

一、供養を始める時は、ご飯物、お水、お茶、果物、お菓子、牛乳をお供えする。

（皆さんでお召し上がり下さいと声を掛ける。）

一、ローソクを左右に立てて、鐘をたたく。

（これは、これから供養を行う合図です。）

一、お線香は先祖の方へ二本、身近な方々へ二本立てる。

一、一礼をする。

一、「五大視宣就《カンゼオン》さま」「大日大聖《ダイニチダイショウ》不動明王コンガラ導子《ドウジ》セイタカ導子さま」をそれぞれ五回お呼びする。

「これから御供養を行わせて頂きますので正しくお導き下さい。」と言う。

一、大先祖《オオセンゾ》以前から水子一切之霊位《ミズコイッサイノレイイ》の次の順に五回ずつお呼びする。

○○家大先祖以前一切之霊位

○○家大先祖以前無縁一切之霊位

○○家大先祖一切之霊位

○○家大先祖無縁一切之霊位

○○家先祖一切之霊位

○○家先祖無縁一切之霊位
祖父・祖母の戒名又は俗名
（供養を行う方の祖父・祖母からお呼びする）
親の戒名又は俗名
親の兄弟姉妹の戒名又は俗名、御自分の兄弟姉妹の戒名又は俗名
自分の子供
○○家水子一切之霊位
自分の水子さんがいれば○○水子一切之霊位

一、自我偈《ジガゲ》の中の開経偈《カイキョウゲ》、妙法連華経方便品第二、如来寿量《ニョライジュリョウ》第十六をあげる。

一、もう一度一回ずつ大先祖以前から水子一切之霊位まで読みあげる。

一、般若心経と観音経の観世音菩薩普門品偈《フモンボンゲ》をあげる。西院河原《サイノカワラ》を水子さんのためにあげる。

一、もう一度最後に大先祖以前から水子一切之霊位まで読みあげる。

一、「五大視宣就さま」「大日大聖不動明王コンガラ導子セイタカ導子さま」をそれぞれ五回お呼びして、「お導き頂き有難うございました。」とお礼の言葉を申す。

一、一礼する

母方の御供養も同様に行って下さい。

お経は各家庭、それぞれの宗派によって異なっていますが、お不動さま、五大視宣就さまは根元《コンゲン》ノ䄰の御心によってお働き下さっていますので、申した通りのお経をあげるが良いと導かれました。

御供養は慣れる迄は大変ですが、このようにしっかり御供養して、䄰、お不動さま、五大視宣就さまのお導きによって神界に導かれた迷人《マヨイビト》は、二度と再びこの地に降《クダ》って私達神の子人間に頼って来る事はありません。

神界にて御親神《ミオヤノカミ》として働き、家族の人達をも導き護って下さる事を知って下さい。

お墓参りについて

彼岸やお盆には、どこの家でもお墓参りに行きますが、お墓参りについても根元ノ䄰よりお導きを頂いております。

私達神の子人間はこの現象界地上《ウツシヨ》での使命が終わりますと肉体は土に帰ると云われていますが、御玉は神界に元神《ゲンシン》（帰る）する御玉、迷人となって霊界や幽界そして私達人間に頼ってくる御玉、浮上している未浄化の御玉とありますが、いずれも墓の中に納められている亡骸に降る事は出来ません。

お墓は亡骸を納める所である事を認識するがよいとの事です。

祧の御心《ミココロ》によりますと、彼岸やお盆には、一週間位前にお墓に頼れる迷人の汚れを祓い清めて、根元ノ祧の気、不動明王さま、五大視宣就さまの気が降るよう努めるがよいと導かれています。

お墓の清めは、次の通り行って下さい。

お墓に着きましたら、まずお掃除を行う（石碑には水を掛けずに汚れを拭き取る）。

そして火打ち石を打って自分及び墓を清める（火打ち石の無い方は、両手を打って墓を清める）。

（一）一礼して神の御名《オンナ》をお呼びする。

祆照䄴皇祆御祧《アマテラシマススメオオミカミ》さま、そして大日大聖不動明王コンガラ導子セイタカ導子さま、五大視宣就さまを五回ずつお呼び下さい。

（二）「いつもお導き頂き有難うございます。

これより何々家（御自分の家の名）のお墓のお清めを行わせて頂きたく、正しくお導き下さい。

何々家のこの墓に頼れる迷人、縁りある汚れの総べてを取り除いて頂きたく、この件正しくお導き下さい。

何々家の周りにあります総べての墓に頼れる未浄化の迷人が一人でも多く、神界に元神する事が出来ますよう、この件正しくお導き下さい。

何々家の墓に根元ノ糀の気、お不動さまの気、五大視宣就さまの気を沢山降して頂きたくお導き下さい。」と申し上げます。
(三) 大祓の祝詞、般若心経、観音経をあげます。
一心にあげますと、根元ノ糀の朱赤の光が降って来るのを実感出来ます。
(四) 根元ノ糀の御名、お不動さま、五大視宣就さまの御名を五回ずつお呼びして、一礼します。
(五) 最後にお墓の廻りにお酒とお塩をまきます。
※なお三月と九月の彼岸が明けると同時に、糀の御心により神界に導かれる迷人もおりますので、御自宅で一心に正しき御供養を行って頂きたく願うところです。

神の子である自覚を持つ事

この現象界で生かされている私達総《ス》べての人間は、根元《コンゲン》ノ禊《カミ》のお働きの無《ム》から連《レン》の世界に生かされています。

禊は光であり、エネルギーであり、神の子人間の生命は禊より与えられた光でありエネルギーであるため、根元ノ禊の光と人間の生命《イノチ》（御玉《ミタマ》）は同じ光であり、禊と一体になる事が出来ます。

禊は大宇宙神、人間は小宇宙であるため、自分自身は神の子であり、禊と一つである事を強く自覚する事が望ましいとの事です。

「そなた達神の子人間は、人間心を御玉に静めて自我や必要以上に欲心を出さず、総べて、禊に自分自身を任せて禊の導きを常に大きく受ける事である。

禊に自分自身を委《ユダ》ねる事によって、禊より与えられた無限の能力や力も出て、自分の器《ウツワ》も大きくなり、禊との交流も出来る。

根元ノ禊に生かされ導かれている、自分自身は神の子であるとの自覚を持つ事が大切である。」と常に申されております。

総べてに感謝の心を

根元《コンゲン》ノ禊《カミ》が創られた現象界《ウツシヨ》この地球に生かされている私達人間は、禊の大きな恵みを頂き、多くの人々の努力、協力によって助けられて生活する事が出来ていますが、常に根元ノ禊に感謝の言葉を申している方々は少ないでしょう。

日々禊に感謝する心は大切であり、神徳《シントク》となり、禊への交流も深まります。また身近にいる父、母、そしていろいろ協力して下さる人々に尽くす心、感謝の心を常に持つ事は人徳《ジントク》です。

根元ノ禊は普遍の愛をお持ちですので、根元ノ禊の光は、現象界地球に降《クダ》っています。

朝起きて身支度を済ませ、お部屋の中でも太陽に向かって、

「いつもお導き有難うございます。今日も禊の御心《ミココロ》のままに正しくお導き下さい。」

夜寝る前に、

「今日もお導き有難うございました。」と感謝の心を禊に捧げ、より強い禊の光を御玉に受けて、禊との深き交流を図って下さる事を願うところです。

第六章　人間の体の機能

体に必要な事は

私達人間の体（肉体）の中では、いろいろな機能が休みなく働いています。

一つ一つの機能が正常に働かなかれば、いろいろ障害が出て大きな病気の原因となります。

人間の寿命は五十年と云われていた時代から、現在では人生百年と云われており、百歳を超えた方でも日々元気にお仕事を立派に行う時代にと大きく変わって来ています。

私達人間の体の機能は、ある程度使う事が大切です。体を動かす事によって体力も気力も増すと同時に充実します。

体を動かさず、使わないとかえって弱くなってしまい、各機能も知らず知らず停滞して行く事は皆さんもよく御承知の事でしょう。

体の機能が活発に働くには

肉体の各機能が活発に働くには、糀《カミ》の気（光）を充分体に取り入れる事です。

「御玉《ミタマ》をまず強く躍動させる事が大切である。御玉が常に大きく躍動する事を心掛けるが望ましい。

台風の目、中心は静であるが、廻りの風や雨は荒れ狂っている。御玉もこれと同じようなものであると考えよ。

御玉の中心は静、廻りは動《ドウ》で、静と動が同じに働き、御玉で受けた糀の気は強いので体全体の機能に入り強化され、各機能は活発に働くため、弱まる事はない。

そして、受けた糀の光は体全体より外に出る。外に出た糀の光は体全体を包んでくれるため、頼って来るものを自分自身の力で、跳ね返す事も可能である。」

と教えられました。

御玉以外にも䊷の気を

御玉《ミタマ》以外にも根元《コンゲン》ノ䊷《カミ》の気（光）を受けられる所があります。

（一）両手を合わせると入る䊷の気は

両手を合わせると、手の指先より䊷の気が入って来て、手の平が熱くなります。

両手から入った䊷の気は、血液に入り血液の循環を良くします。

（一）額（おでこ）の神眼より入る䊷の気は

骨格に入り骨を丈夫にします。

（一）胸（首の下）より入る䊷の気は

内臓に入り内臓の働きを円滑にします。

（一）膝より入る䊷の気は

足の動きを丈夫にします。

（一）首の後ろより入る䊷の気は

体の中の毒素を出す働きをします。

（一）両肩から入る䊷の気は

肩から下に流れて体の調和を図ります。

（一）頭の頂上の一点より入る褫の気は
各機能の働きを強めます。

このように人間の体には、根元ノ褫の気を受ける所が御玉以外にもある事を知って下さい。

まず、姿勢を正して正座して両手を合わせる時、褫の気は指先より手の平に入ると手の平が熱くなる程入って来ます。

肩の痛い方、膝の痛い方、その他痛い所に褫の気を受けた手を当てると、指先で受けた褫の気が痛い所に入って、痛みが解消されます。

これが手当てです。

姿勢を正して背筋を伸ばして

ご高齢の方の中には、背中が丸くなって腰の曲がった人もいます。

背中が丸く胃とお腹が重なって見える姿勢の人は、内臓が正常に働かない上に、褫《カミ》の気を御《ミ》玉《タマ》により多く受ける事は出来ません。

胸を前に張って少し反りぎみの姿勢で歩くと、内臓に圧迫感が無く、内臓も正しい位置にて正しく働くと糀より導かれています。

(歩く時は背筋を伸ばすよう心掛けて下さい。)

呼吸法も導かれる

正氣神道《セイキシントウ》を開教して間もない時に、根元《コンゲン》ノ糀《カミ》より、呼吸法を行うようにとの導きがありました。

「この呼吸法は三ヶ月間一日も休まず行うが良い。」と強く申されましたのにはびっくりし、なぜ三ヶ月もやるのかと反発の心も出てしまいました。

この時のお導きは、「肉体を持つ人間の体には酸素やアルカリ性のバランスが必要である。正しい呼吸法によって体内の酸素をより多く取るがよい。

一日一度正しい呼吸で糀の気を体内に受ける事忘れずに行うがよい。」と導かれました。

根元ノ糀より導かれた呼吸法は、次の通りです。

神前にて姿勢を正して正座する。

正座して二、三回は普通に呼吸して体全体の力を抜く。

膝の上に両手を置く。手の平を上に向けて両手の中指を付けて、息を吸い込みながらその両手を頭上で合わせて手と体を出来るだけ伸ばす。この時息を止める。

上にあがった手を横に降ろして、手と体を前に倒し、手と体を伸ばす。

息を吐きながら、伸ばした両手を左・右に円を描くように横にもってきて体をおこして元の膝に置く。

この呼吸を五回行いました。

根元ノ糀の御心による呼吸法ですので、三ヶ月間一日も休まず、朝祝詞をあげた後に行いました。

三ヶ月経つと、体に驚く程の変化が出ましたのにはびっくりしました。

ペチャンコだった胸の骨が出て胸の厚みが出た上に、絶壁だった後頭部も出て形がよくなり、出た骨の所に小さな〝コブ〟がポッコリ出ました。

これ以来段々と根元ノ糀の強い強い気（光）を受けられるようになり、年を重ねても体調も良く元気になっています。

また、朝祝詞の後に息を整える簡単な呼吸法、冷え性を治す方法もお導き下さいました。

簡単な呼吸法

姿勢を正して背筋を伸ばして正座する。

鼻から息を吸ってお腹が大きく膨らむ迄吸い込んだら息を止める。そして口から少しずつ吐き出すが、お腹がペチャンコになる迄吐く。これを五回程繰り返して行うといろいろ効果があります。

朝お導きを行い祝詞をあげますと一時間以上かかります。終わってすぐ血圧を測ると一五〇～一六〇の高めですが、この呼吸を行って測ると一四〇又は一三〇台です。

この呼吸法をした後は心も落ち着き健やかさを感じられます。

冷え性を直すには

仰向けに真っすぐ寝ます。両手を合わせて頭の上に伸ばします。足も両方の指先を合わせます。少し経つと手の指先、足の指先が温かくなるのを感じます。

これは気（光）の流れが良くなるためで、何日か続けていると自然に冷えを感じなくなります。

冷え性の時は、冬場は厚着して、夜は湯たんぽを足元に置きましたが、これを行い根元《コンゲン》ノ䊉《カミ》の気をより多く受ける事により薄着となり、八十歳過ぎまで冬でも素足で過ごしました。

ここに掲載しました呼吸法の他にもまだあり、気の入れ替え等もお導きされています。

第七章　正氣神道における神社・自宅にての正しい参拝

数年前より、若い人達のパワースポットと云われている神社への参拝が増えている事はとても喜ばしい事ですが、どこの神社に行っても正しい参拝を行っている方々はおらず、残念で残念でなりません。

正しい参拝を行わなければ、神々さまには届かず、お導きを頂けない事を知って頂きたいと願わずにはいられません。

神社や自宅での正しい参拝を行って頂きたく、ここに正しい参拝の行い方をお伝え致します。

神社での正しい参拝とお導き

神社に行きましたら、まず手を洗い口をすすぎます。

お賽銭を奉納してから、次の順に行います。

最も正しい行い方

一、一礼二拍した後、身滌ノ祓の祝詞をあげる。

一、神々さまの御名《オンナ》を五回ずつお呼びする。
祆照坐皇祑御祧《アマテラシマススメオオミカミ》さま（根元《コンゲン》ノ祧の御名）
神社ノ御祭神《ゴサイシン》の御名、〇〇神社の大神さま又は御祭神の〇〇命さまを五回ずつ。

一、御挨拶をする
自分の名を申して、「何々ですが、いつもお導き頂き有難うございます。」と申す。

一、お導きを行って頂きたい事を申し上げる。

一、大祓、その他の祝詞をあげる。

一、「お導きを行わせて頂きました件、正しくお導き下さい。」と申す。

一、初めに申した神々さまの御名を申し上げる。

一、二拍一礼

これが正しい参拝ですが、次にあげる事はせめて行って頂きたいと強く強く願うところです。

行い方の順序

一、一礼二拍

一、神々さまの御名をお呼びする。

根元ノ糀の御名、神社の御祭神又は〇〇神社ノ大神さま

一、神々さまに御挨拶をする。

一、お導きを行って頂きたい事を申す。

一、「お導きを行わせて頂きました件、正しくお導き下さい。」と申す。

一、神々さまの御名を申す。

一、二拍一礼する。

◎お賽銭は前もって用意してお持ち下さい。お金は多くの人々に渡っており、人の思いや汚れがあるため、十円や百円をお賽銭箱に投げ入れて拝んだだけでは、神々さまに届く事はあり得ません。

お賽銭は、小さなお金（金額）でも小さなのし袋に入れて、のし袋の上部に玉串又は謝《シャ》と書いて下に御自分の名を書いて奉納するのが良いと導かれております。

玉串は、祧と現象界《ウツショ》地上のつながりを意味するとの事です。

◎根元ノ祧の御名、参拝する神社の◯◯神社の大神さま又は御祭神の神さまの御名を声を出してお呼びして下さい。

お呼びしなければ祧の元に届きません。

◎神々の御名

祆照𥘉皇祆御祧さま（根元ノ祧）

◯◯神社の大神さま又は◯◯命さまを、五回お呼び下さい。

◎御自分の名を申して御挨拶する

「いつもお導き頂き有難うございます。」と申して下さい。

「今日は何々のお導きを行わせて頂きたく参りました。」と申して下さい。

〝何故このように申し上げるのか〟

大宇宙の根元ノ祧の光（気）は各神社に降っています。根元ノ祧、産生大神《ウブスナノオオカミ》さまは、私達神の子人間を常にいかなる所においてもお導き下さるため、神さまへの御挨拶、感謝を申す事が正しいと教え導かれました。

◎次にお導きしたい事を申し上げます。

「何々して下さい。」との決め付けのお導きは、祕の御心にはかなわず、お導きは頂けません。

「これこれの件祕の御心のままに正しくお導き下さい。」と申すが良いとの事です。

また、交換条件を出してのお導きは、お導き頂けません事を知って下さい。

例えば、息子さんのために「息子が希望する大学に入学出来ましたら、母の面倒を見させて頂きますので、息子の入学をお導き下さい。」と申してお導きを仰いだ方がおりましたが、お導き頂けませんでした。

自我や欲心での参拝は願掛けとなりますので、願ほどきを行う事も大切である事も知って下さい。

いくら御立派な方で、この地上での使命が終わり神界《シンカイ》に元神《ゲンシン》（帰る）出来る方であっても、願かけしたままで願ほどきが出来ていない方は、元神する事は出来ぬと教えられています。

◎お導きが済みましたら

神々さまの御名を申して下さい。

祅照祕皇祑御祕さま　五回

○○神社の大神さま又は○○命さまを、五回お呼び下さい。

◎お導きの御挨拶を行う

「何々のお導きを行わせて頂き有難うございました。お導き行わせて頂きました件、正しくお導き下さい。」

◎二拍一礼して下さい。

このように根元ノ覢及び参拝している神社への感謝の心を持って参拝を行う事によって、より以上のお導きを仰ぐ事が出来ます事を知って、正しい参拝を行って下さる事を願うところです。

観光で伊勢神宮を参拝する方々へ

観光バスのツアーで伊勢神宮へ参拝する方々も大勢おりますが、正しい参拝を行っている方は見受けられません。

お賽銭を賽銭箱に投げ入れて、二礼二拍で終わりですので、これでは正しい参拝とは云えません。
折角、大宇宙の根元《コンゲン》ノ禨《カミ》の気が沢山降《クダ》っている伊勢神宮を参拝するのですから、せめて次の通りの参拝を行って頂きたく思います。

◎正宮では

（一）一礼二拍

（二）神の御名をお呼びする

現象界《ゲンショウカイ》の神　天照大御神《アマテラスオオミカミ》さま　五回

「いつもお導き有難うございます。」

「名前」を申して「正しくお導き下さい。」と申して下さい。

◎荒祭宮《アラミツリノミヤ》では

（一）一礼二拍

（二）禨の御名《オンナ》をお呼びする

根元ノ禨　祆照𥘵皇祆御禨《アマテラシマススメオオミカミ》さま　五回

御働《マタ》の御名《ミナ》　祆之御中尊主祆御禨《アメノミナカヌシノミコト》さま　五回

「いつもお導き頂き有難うございます。全世界の国々日本国土を正しくお導き下さい。」

と申して頂きたく願うところです。

（一）二拍一礼

観光ツアーの伊勢参拝は、正宮と荒祭宮参拝だけのようですが、一人でも多くの方々がこのように参拝して頂ければ、世の中も良い方向に導かれる事と思います。

自宅での祀り方と参拝

戦前の日本は神国大和と云われ、神さまはとても尊い方であるため、神棚の掃除、お酒、お水、お塩、お米の取り替えは総《ス》べて一家の主人が行い、女性は汚れていると云われ触わる事も出来ませんでした。

正氣《セイキ》神道《シントウ》は、大宇宙の根元《コンゲン》ノ䄇《カミ》の御心により開教されましたので、根元ノ䄇のお導き通り行わせて頂いています。

自宅に神棚のある方は、どのように祀《マツ》られているか、点検して頂きたいと思います。

これ迄に数多くの家に伺わせて頂きましたが、あちこちの神社で頂いたお札をズラーっと並べている家もあったり、神棚の側にお稲荷さんを祀ってあったり、神棚の下に仏壇があったりと様々でした。

特に、お稲荷さまは外を守る神ですので、家の中に祀るといざこざの原因となります。

お社は三つ扉のあるものを

神々さまが降臨されるお社は、お札が三枚入るもの、屋根付きでも四角いものでもよいとの事です。

お社の中央に、大宇宙の根元《コンゲン》ノ祇《カミ》のお札を納めます。

向かって右側には、祇の御子《オンコ》としてのお働きの天ノ神々、五男神三女神の神々さまのお札を納めます。

五男神三女神の神々さまは、この地上に生きる神の子人間の御玉《ミタマ》を創って下さった神々さまで、私達神の子人間を守り導いて下さる大切な神々さまです。

向かって左側には、氏神さまのお札を納めます。

屋根付き

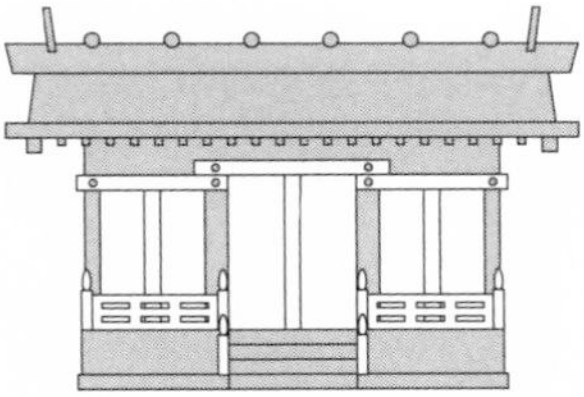

向かって右

…五男神三女神さまのお札

…根元ノ糀のお札

…氏神さまのお札

角型

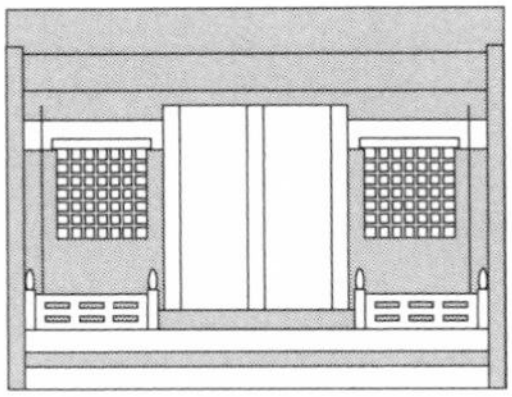

右

…五男神三女神さまのお札

…根元ノ糀のお札

…氏神さまのお札

氏神さまは、私達氏子及び家屋敷、土地を護り導いて下さる神さまですので、出来ましたら月に一度は氏神さまに参拝して頂きたいと願うところです。

◎神々さまが御降臨のお社には、お榊、お酒、お水、お塩、お米をお供えしますが、これらのお供物にはいろいろ意味がある事を知って下さい。

◎お榊は、伸びる、芽が出るとの働きがありますので、糀の気が榊にも強く降《クダ》るとの事です。

◎お酒は、神々さまが降臨のために、現象界《ウツシヨ》の汚れの臭いを消すためにお供えします。

◎お水は、御玉《ミタマ》（生命《イノチ》）を清めるものです。

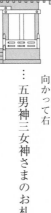

◎お塩は、汚れを祓う意味との事です。
◎お米は、五穀、感謝を表すためです。
お酒は、嫌な臭いを消すために、お社の近くに置いて下さい。
お水は、中央に置きます。
お塩は、右側お水の隣りに置きます。
お米は、左側お水の隣りに置きます。
◎このように置くが良いとお導きされました。注連縄《シメナワ》、雲板がありますが、雲板があれば注連縄は無くても良いとの事です。
◎お社を購入する時に鏡も薦められますが、鏡は心を表すもので、鏡が白く曇っていては、鏡としての役に立たぬ故、無くても良いとの事です。

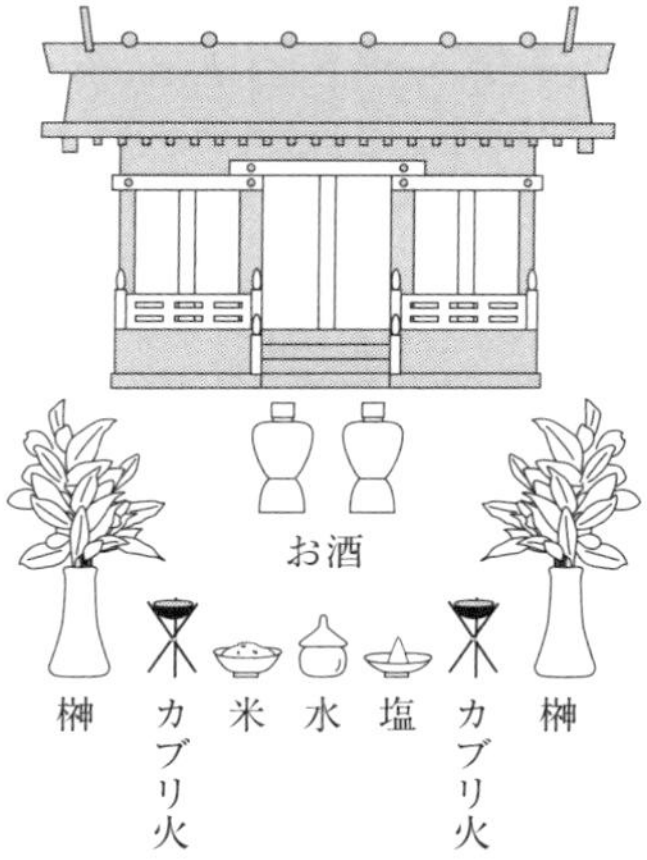

自宅での参拝

家での参拝は、朝起きて自分自身の心身を整えて、姿勢を正して神棚の前に正座する。

（一）火打ち石を打って自分の汚れを祓うと共に、周囲の汚れを祓い清める。

姿勢を正して正座する事によって、人間心を、䄅《カミ》より与えられた御玉《ミタマ》に静める事が出来ます。

人間心を御玉に静める事が出来ますと御玉を支心に下げる事が出来、〝無〟になる事が可能です。

無になり支心より出る声は、神界迄届き響きます。

（二）一礼二拍

（三）身滌ノ祓の祝詞をあげる。

（四）神々さまの御名を五回ずつ上げる。

祅照《アマテラシ》䄬《マス》皇《スメ》祅《オオ》御《ミ》䄅《カミ》さま

祅之《アメノ》御中尊主《ミナカヌシノ》祅御䄅《ミコト》さま

天ノ神々さま

氏神さまの御名、〇〇神社ノ大神さま又は御祭神《ゴサイシン》の神の御名

大日大聖《ダイニチダイショウ》不動明王コンガラ導子《ドウジ》セイタカ導子さまの御名も申して下さい。

なお、御商売を行っている方々は、天ノ神々さまの後に、豊受大神《トヨウケノオオカミ》さまの御名をお呼び下さい。

（五）御挨拶の言葉

「いつもお導き頂き有難うございます。」と申す。

（六）お導き頂きたい言葉を申し上げる。

例えば、家族の方の名前を申して「家族の者が日々元気に健やかに過ごす事が出来ますよう、䊆の御心のままに正しくお導き下さい。」と申して下さい。

（七）お導きさせて頂いたお礼の言葉を申します。

「お導きを行わせて頂き、有難うございました。お導きの件、正しくお導き下さい。」と申し上げる。

（八）神々さまの御名を申し上げる。

前に申し上げた神々さまの御名を申します。

（九）二拍一礼

ここにあげました事は、最低限度の参拝の基本です。

この他、誕生祭の祝詞、元神祭（神界に帰った）にあげる祝詞、前生の方々の清祓の祝詞等、禊より導かれておりますが、その都度、神の御名、祝詞も異なる事をお伝え致します。

※根元ノ禊、産生大神《ウブスナノオオカミ》さま、その他神界でお働きの多くの神々さまは、神棚のお社に降臨されます。
また、皆さん方の先祖ノ神々さまや身近な方々で神界に元神された方々は御親ノ神《ミオヤカミ》としてお働きされるため仏壇に降る事は出来ず、神棚のお社に降臨されます。そのため、各家庭にお社を祀《マツ》る事が必要であり、大切な事である事を認識して頂きたいと強く願うところです。

第八章　気学方位を超えるものは

根元ノ甦の導きで暗剣殺でも新築可能

甦《カミ》の御心《ミココロ》により創られたこの現象界《ウツシヨ》に住む人々の中には、何不自由なく幸せに暮らしている人、不幸に見舞われて悲しみや苦しみを味わいながら生活している人等、様々です。

正氣神道《セイキシントウ》に来られる人々もいろいろ様々で、こんな事をと思う程の相談もありました。

随分前になりますが、一番恐れている方位の暗剣殺《アンケンサツ》に家を建てなければならないので、お導きを頂きたいと、ある御夫妻が訪ねて見えました。

方位の暗剣殺は、皆さん方も御存知の通り、暗剣殺に家を建てると命を失うと恐れられ、最も不吉な方位とされています。

ご相談は、現在住んでいる家と土地を売って裏側に自宅を新築したいが、裏の土地は暗剣殺に当たっており、暗剣殺でも家を建てて災いがない方法はないかとの事でした。

この暗剣殺の土地に家を新築する件につき、糀のお導きを頂きました。

糀のお導きは次の通りでした。

（一）まず伊勢神宮へ行きお導きを行って来る事

（二）土地の清め、住んでいる家と土地の清めを行う事、新築する土地の清めも行う事

（三）地鎮祭と棟上式を行う事

（四）新しい家が出来上がった時、屋堅めを行う事

（五）神棚を作って糀の気を降《クダ》して頂く事

これらの件をしっかり行うが良いとの事でした。

この御夫妻は、糀のお導き通り一つ一つを確実に実行して下さいましたので、総《ス》べてがスムーズに運び、思ったより早く家が出来上がりました。

新築された家には神棚も出来、立派なお社もあります。

奥さまより、「お陰さまで教えて頂きました通り、糀に仏さまにお仕えさせて頂きましたら腰の痛みも無く、また主人は今迄大好きなお酒を飲む事が出来ませんでしたが、この頃はコッ

プに半分程毎日飲む事が出来るようになりましたので、正氣神道さんのお陰だよとお酒を飲むたびに申しております。」と大変喜んで下さいました。

この御夫妻のお導きの折に、糀より次のお導きを頂きましたのでここにて皆さま方にお伝えします。

糀が創られた現象界は球体　球の中心一点は動かず

「気学、方位は自然の法則（守らなければならない）掟に則って行われるものであるが、完全なものとはいえぬ。方位を気にして、悪い時は先に延ばしたり、家の新築の折も同様に方位や年廻りを気にして、何年も先に延ばしている者もいるが、これらを乗り越えるものである。

これは糀《カミ》が創られた現象界《ウツシヨ》地球は〝球体〟であるため、球の中心は何処に転がしても中心は一点であり動く事は決してない。

糀から見れば方位、易、占いは、人間の思いの世界である。

あっちに行けば方角が悪い等との人の思いが多いため、これらの人の思いに負けると災いが現われる。

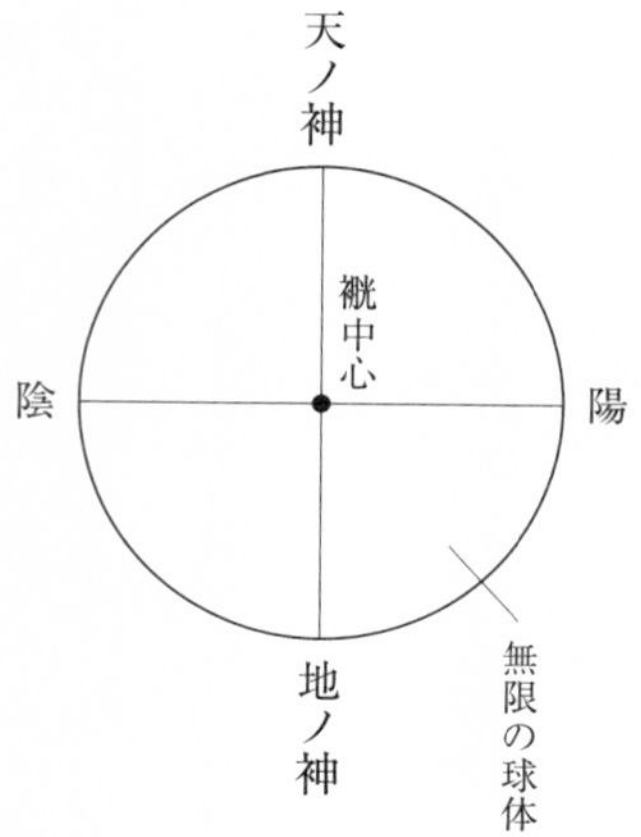

総《ス》べてを創られた根元《コンゲン》ノ祧に連がり祧の導きを受ける事によって、自分自身に与えられた御玉が大きく強く躍動して高まれば、方位方角を乗り越える事は可能である。

地球は球体で大宇宙も無限の球体、大宇宙の無限の球体の中心は、根元ノ祧である。

このように陽・袄皇産祷神《タカミムスヒノカミ》、陰・神皇産祷神《カムミムスヒノカミ》、天ノ神々、地ノ神によって無限の球体の調和が保たれている。

方位・方角を気にするよりは、未浄化の迷人の汚れ、土地の汚れの方が、現在では大きな災いとなっている。

なお、冬場は土地を絶対にいじってはならぬ。十一月八日より翌年の立春の前日（節分）、この時期が過ぎる迄土を掘りおこしてはならぬ。

冬場は土地を守っている土ノ神も休んでおり、冬眠している動物や虫もいるため掘り返すと災い出る。

何事も強くやろうと思った時が、吉日である。方位・方角にとらわれず祧の導きを受けて行うが良い。」と教え導かれました。

方位学を学んでいた会員の方は、方角を気にしており、良い年、良い月を選んで家を新築する事になりましたが、良い月が十二月で土地をいじってはいけない時期にあたりましたので、この方も糀のお導き通り、伊勢神宮へ参拝し、ご自分の家にて禊《ミソ》ぎを行い、家を無事に新築し何事もなく済んでいます。

お聞きした話ですが、冬場に家を新築して出来上がって間もなく他界した方がいるとのお話も耳にしています。

土地や家を購入する、引越しする等の時は、必ず糀のお導きを仰ぐ事をお薦め致します。

家を新しく建て直す時は、まず次の事を行って頂きたいと願うところです。

（一）住んでいる家を壊す前に家の清めを行う

家には家族の方々の気があり、それぞれの人の思いや汚れもあります。

これらを一旦糀の元に帰す清めを行う事が大切です。

（二）土地の清めを行う

地鎮祭や棟上げを行う前に、家を建てる土地の汚れの清めを行う事が最も大切です。

（三）地鎮祭

（四）棟上げ

（五）屋堅めを行う

この時に一旦䄦の元に帰した気を降して頂く事が必要です。

時代の移り変わりによって、マンションに住んでいる人達が多くおりますが、マンションを出る時、次のマンションに移る時は、お清めをして移る事が望ましいです。

なぜなら、自分の汚れや部屋に対する思いの念が後に入居する方への汚れとなるからです。

なお、若い方が引越しする時は、陽が昇る東の方か、南に移る方が気力が上昇する。

年輩の方は西の方に移ると穏やかに過ごせる。北側は避ける方がよいと導かれています。

第九章　言葉と文字について

禊の波動によって

「文字は禊《カミ》なり言葉も禊なりと言われている通り、文字は禊の光の波動によって生まれたものである。」と導かれました。

「一つ一つの文字の中には、根元《コンゲン》ノ禊の働きが入っている。文字は神々のものであると考えてもよい。

ここで学ぶ文字は、漢字とは言わず本字《モトジ》でありホンジでは無い。」と導かれました。

「神の子人間の御玉《ミタマ》は禊より授けられているため、禊の光（波動）を受ける事は可能である。

文字や言葉は禊の光の波動によって生まれた。

まず光の波動は、光身《ヒカリミ》人間によってキャッチされた。現在の言葉で云うと生光波《セイコウハ》（語）と言う。

光身が進化して魂体身《ソウタイシン》（球体）の時にキャッチされた檰の波動は、球体波《キュウタイハ》（語）。魂体身から更に進化して現身《ウツシミ》（影）となり、この場合は影の体全体で檰の波音を受けた。これを動音《ドウオン》波《ハ》（語）と云う。そして愈々《イヨイヨ》神体身（肉体身）と神化《シンカ》して神の子人間としての言葉が生まれた。当初はア、カとか一字語であった。

人間が正しい言葉を使い始めたのは今より一億年前、これ以前は言葉と申さなかった。これ以前は神言《シンゴン》、神字と申し、即ち古代語にあたる。」と導かれました。

「神言祝詞イロハについて教える。このイロハニホヘトは神体身（肉体神）が初めて檰に捧げた祝詞、つまり神言（古代語）である。

イロハニホヘトの祝詞を現在に訳すと、次の通りである。

イロハニホヘトチリヌルヲワカ
　生命ある限り、我ら檰に仕えなさん
ヨタレソツネナラムウヰノ
　この世は総《ス》べて檰の恵みなり

オクヤマケフコエテ
　糀の愛は大自然を永遠に守るなり
アサキユメミシヱヒモセスン
　糀の光は大宇宙に照り輝き尽きる事なく我らを導かん
古代に生きる人々は、朝太陽に向かってこの祝詞をあげ糀をたたえ奉っていた。
イロハは大宇宙の秩序（調和の姿）を表し、宇宙の神々の働きがこれによって表されている事ここに伝える。」
◎イロハニホヘトは、生命即ちエネルギー熱を発動させている（各球体に送る）神々の働きを指す。
◎チリヌルヲワカは、水、空気、水蒸気の宇宙の働きを表す。
◎ヨタレソツネは、引力、復元力の働きを指している。
◎ナラムウヰノは、火山、各球体の土質の働きを指している。
◎オクヤマケフコエテは、各球体と宇宙神との交流を表している（この中に水平線も入る）。
◎アサキユメミシは、自然の生命を司る働きを指し、実、草木（色）を育てるを表している。
◎ヱヒモセスンは、大宇宙のある限り宇宙神の働きも永遠に変わる事なく続く事を表している。

何故五十音が出来たのか……

これは大宇宙の真理を祧《カミ》が創られたものと考えてよいとの事です。根元《コンゲン》ノ祧のお働きは、無から始まって有、変、働、愛、調和、引力、元芯力、産、連がまた無へと続き、五十音も祧のお働きの順によって生まれたものです。

五十音は次の通りです。

表音《ヒョウオン》（出す）					裏音《ドウオン》（受ける）				
（一）	（二）	（三）	（四）	（五）	（六）	（七）	（八）	（九）	（十）
無	有	変	働	愛	調和	引力	元芯力	産	連
ア	カ	サ	タ	ナ	ハ	マ	ヤ	ラ	ワ
（発動音）始め					（上がる）				

イ　キ　シ　チ　ニ	ヒ　ミ　ヰ　リ　（イ）
（推動音《スイドウオン》）生命の	流れ（下がる）
ウ　ク　㋜　ツ　ヌ	フ　ム　㋴　ル　ウ
（聴動音）協調	調和現われ
エ　ケ　セ　テ　ネ	ヘ　メ　エ　レ　（エ）
（普動音）愛	普遍の愛（おおらか）
オ　コ　ソ　ト　ノ	ホ　モ　ヨ　ロ　オ
（連動音）連がり	ン　連がり　止まる

言葉はア音が始めであり、イ音は生命、ウ音は協調（調和）、エ音は愛、オ音は連がりを意味します。

表音は（出す）、表音の中心は㋜、裏音の中心は㋴です。

「㋜は、根元（元・本）の㮶から出た音が㮶に帰る。㋜は帰一すると考えてよい。

このように大宇宙の摂理にかなった言葉が生まれ、言葉と文字には輪と連がりがある。」と導かれました。

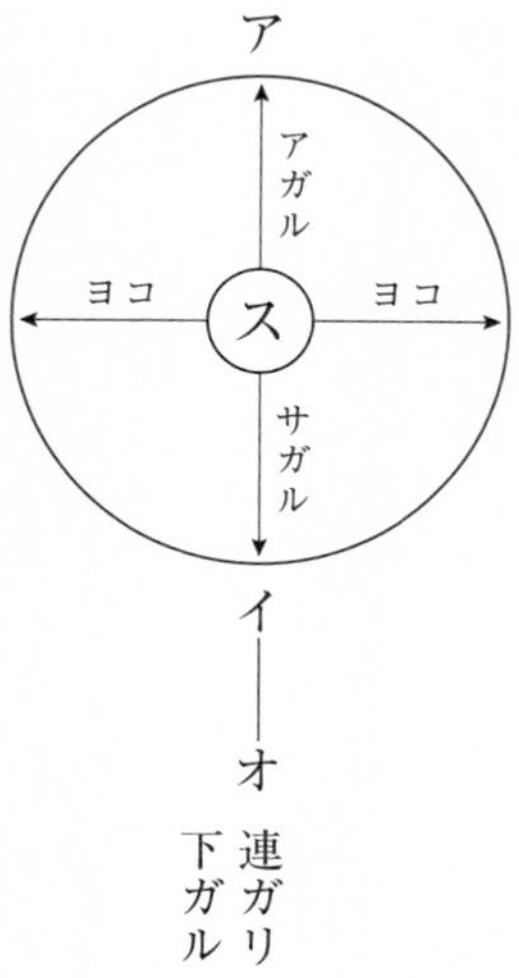

ガギグゲゴ　ザジズゼゾ）
ダヂヅデド　パピプペポ）連欠音《レンケツオン》

表音、裏音と連欠音を一つに連げて使った場合は、これを丈和音《ジョウワオン》と云います。

祧より教えられました本字の基本は次の通りです。

　無

ア（初め）天――祧

イ（生命）命――お働き

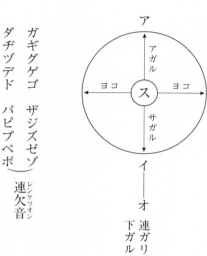

ウ（調和）宇——おおきく　すぐれた

エ（愛）　未——未来に連がり

オ（連）　本——永遠に広がる

ア天　イ命　ウ宇　エ未　オ本は神のお働きを表している　即ち神のお働きは大きくしかも雄大で未来に連がり　永遠に尽きる事もなく広がっていると云う事

有

カ（輝き）　月——すみずみまで輝き照らす

キ（気交）　手——気交は神の手中にある

ク（空気）　久——永久にあるを意味する

ケ（現象界《ウツシヨ》）　朱——咲きそめる即ち出現を意味する

コ（心・御玉《ミタマ》）　ロ——言葉も神の有《アラ》われなり

カ行は現われ出たるものを文字に表している

変

サ（支える）　先——御玉肉体の先祖があればこそ現象界が支えられている
シ（芯）　主——変には主になるものがいるという事
ス（中心）　人——現象界（地球）は人が中心を意味する
セ（接続のせつ）心——すべて　心（人間心・御玉・支心）をさす
ソ（空）　及——神も人も一つであると云う意味
サ行は動き変化を表している

働

タ（高天原大宇宙をさす）各——大宇宙の球体を表す　多いと言《云う》う意味も入る
チ（秩序）　寿——正しい
ツ（一つ一つの連がり）　来——大勢たくさん
テ（天の神を表す）　中——中心になってお働きになられる
ト（広がり）　太——強い
神々のお働きをタ行の文字に表現している

愛

ナ（なびく）　子――子供の素直を表現している　親の愛により、どのようにも子はなびく

ニ（日本を意味する）　仁――国造り

ヌ（ヌシ男性を表している）　登――きずく

ネ（もと）　神――神の導きを仰ぐ（当然愛が入る）

ノ（と云う文字はどのようにでもなり自在と言う意）　伸――神と人間とは一つとなって神展《シンカ》して行く

調和

ハ（八方　神）　平――平等にと言う意味

ヒ（お日さまのヒ）　広――広がり（広々）総べてに照り輝く

フ（普遍）　衣――連がり

ヘ（距《ヘダ》たりのへ）　山――神が中心になっている

ホ（星）　米――たくさん秩序

引力

マ（丸）　　丸——中心がある
ミ（水）　　川——流れる
ム（過去現在そして未来を意味する）里——結ばれる
メ（恵み）　　𠬛——助ける力
モ（本のモ）　　森——もとから大きく広がる

元芯力

ヤ（野生）　交——まじわる
ヰ（命）　井——元に返る
ユ（芯）　大——大宇宙のすみずみまでも
ヱ（枝のヱ）上——左右上下をさす
ヨ（世人）　日——やわらかの意味　直射では強すぎるので　この元芯力によって光が与えられる

産

ラ（上から下にと云う意味）方――即ち神

リ（果たすとの意味）　帰――神に帰一する事により総べて産み出される

ル（互いに）　礼――秩序

レ（未来に広がる）　芽――生まれる

ロ（一つ）　呂――男　女の関係を表している

連

ワ（ア）（神）有――神は有である

イ（命）　木水――木水にも　命（生命）がある

ウ（宇）　生――宇宙には限りなき生命がある

エ（未）　土――未来に連がる土台となる

ヲ（本）　連――すべて神一つに連がる

五十音のアイウエオは母音即ち神音（基になる音）と云うのが正しい。

んは連がり、または、止まるという意味で連止音《レンコウ》とも云う。
この五十音に〓の生命（働き）がある事を判って頂けたと思います。
「これは非常に素晴らしい重要な学びである。これを知り得るものはない。」との事です。

使命者として御玉を高める働きを！

正氣神道《セイキシントウ》開教当初、使命者としてどのように根元ノ〓《コンゲンカミ》あるを伝えれば良いのか思案に暮れておりますと、根元ノ〓より、業界紙を作っていた時にお世話になった社長さまが胸を痛めているため、伺って導きを行って来るがよいと申されましたので、恐る恐る社長さまの所に伺い、〓が教え導いて下さった通り申し上げました。

すると社長さまが「自宅に屋敷神として龍神さまを祀《マツ》っているが、祀って下さった方が他界したので、どのようにすれば良いのかと胸を痛めている。」と申されましたのには驚きました。早速御自宅に祀られている龍神さまに参りますと、伊勢の龍神さまである事が判りました。

社長さまの御主人（先代社長）が御商売で出張の折、具合が悪くなって旅館に泊まる事になり、その夜無意識の中で書いた手紙がありました。その手紙は見てはならないと云われ、五年間金庫に保管したままでしたが、御主人さまが他界されたので、その手紙を見ると「伊勢にこい。汽車で来い。飛行機で来い。皆で来い。」と書かれてありました。

先代社長である御主人さまの御玉《ミタマ》（生命《イノチ》）は、伊勢ノ龍神（宇宙神）さまの袆陽《ワケヒ》を頂いていると、この時糀より教え導かれました。

お手紙の疑問が解決されたため、社長さまに大変喜んで頂き、その後社長さまが何人も知り合いの方を紹介して下さいました。

この時の糀のお導きの素晴らしさに感動した事は、今でも忘れずに心に残っています。この事があって、使命者として人々のために尽くし働かなければと強く思う事が出来ました。根元ノ糀が、三年間は辛くて大変であるが辛抱するようにとの励ましのお言葉を下さいました。

家々の清め、供養は

神の子人間の御玉《ミタマ》（生命《イノチ》）に家の汚れや自分に頼れる汚れがあると、御玉に雲が掛かって大宇宙の糀《カミ》の光（気）を受ける事が出来ず、また御玉が大きく躍動する事が出来ません。そのため、まず総《ス》べての汚れを取り除く事が必要で大切な事ですので、家屋敷の清めにも重点が置かれました。

一軒一軒の家の清めは大変なものでした。家々によっていろいろ違いを見せられました。

体の不自由な奥さまの家の中は几帳面にきちんと整頓され、台所もピカピカに光っているのには驚き、考えさせられました。この反面、階段には荷物が置かれ足の踏み場も無くトイレの手拭が汚れ濡れていた家、脱ぎ捨てられた衣類が山積みになっていた家等、いろいろありました。

家の清めが済んで宮座に帰り糀への御挨拶を行うと、その家についての感想を糀より聞かれ教え導きを頂きました。

例えば、家の中が整理整頓してある家は、どう思うか……。

家の中がきちんと整理整頓してある家には糀の強い気が降り、汚れも少ない。

自分の家もきちんとして、清めに行くがよい。一年間使っていない物は始末して、必要な物を大切に使うが良い等、いろいろ細かい所までお導き下さいましたので、お導きを行う時に役に立ちました。

御供養は、自分に頼っている迷人《マヨイビト》、家の大先祖以前、大先祖、先祖、祖父祖母、父母、兄弟姉妹の他界した方等、御供養を行った総べての方々をお不動さま、五大視宣就《カンゼオン》さまのお導きお力を頂いて神界に元神させて頂きました。

そして御親《ミオヤ》ノ神としてお働き出来るよう、神の名も与えられています。

置き石による全世界の清めも

会員の方の前生《ゼンショウ》の方の御一人が久光《ジョウコウ》の前生の父であり、いろいろ協力して下さいました。

この方の家のお清めに行きました折に、茶色の艶のある置き石（高さ15㎝、横25㎝）がありました。䄙《カミ》よりこの石によって全世界の清めを毎月行うとのお導きがありました。

根元《コンゲン》ノ䄙のお導きは厳しいものがあり、忠実に行わなければ䄙の御心に叶う事は出来ませんので翌月より置き石の四方にお酒、お水、お塩、お米を供えて、全世界のお導きを行いました。

すると中国のシルクロードより清めなすとのお言葉がありました。

何回か行っていると石の上の所に二本の白い線が現われました。

石に向かってお導きをし祝詞をあげていると海底に沈んだ国、女海賊、子供から大人まで縛られ長い列で連れて行かれた姿、生き埋めにされた大勢の方、銃殺された方、処刑されている人等々が導きを行うたびに見え、言いようの無い程の悲しみを感じました。

清めを重ねているうちに、置き石の色も段々グレーに変わり驚く程変化して、ガイ骨の顔になった時は恐怖を感じました。

清めている会員の方も久光も疲れ果ててしまい、禊にお導きを仰ぎました。

禊は「石に供えてある前後のお酒をそなた達に与える。飲むがよい。」との事でしたので頂きますと、びっくりする程おいしいお酒で元気が出ました。

石の清めも二年近く続きましたので、まだ続けるのかと思っていた折に、「石による清めはもうよい。江島神社の中津宮にて毎月祝詞をあげるがよい。」と禊より「大自然を守る祝詞」を与えられました。

全世界の清めを行った置き石は、現在宮座にありますが、今でもガイ骨の面影は残っています。

これで一段落と思いましたら、今度は日本の皇室の導き、由緒ある家の導きを行うようにとの禊の導きがありました。

日本の皇室天皇・皇后さま、由緒ある家の導きを

息をつく暇もなく、このお導きは宮座にて行わせて頂きました。

半紙横六分の一の大きさに御一人御一人の天皇さまの御名《オンナ》を十枚書いてお導きを行いますと、根元《コンゲン》ノ糀《カミ》よりどこどこでお導きを行って参るようにとのお導きを頂きますので、会員の方とその都度、伊勢神宮や成田山のお不動さま、香取神宮へ参りました。

天皇さまのお導きが終わりますと皇后さまのお導き、そして由緒ある名家のお導きも同様に行わせて頂きました。

神社での参拝は伊勢神宮、橿原神宮、秋葉神社、伏見稲荷、三輪神社、春日大社、石上神宮、鹿島神宮、香取神宮、その他にも行かせて頂きました。

何年もかかってこれらのお導きが終わりますと今度は、会員の方々が住んでいる氏神さまに参るが良いとの事ですので、会員の方々と一緒に氏神さまに参拝しました。

使命者として働く事が出来るよう、御玉を高めるための修行をいろいろ行わせて頂き、使命者としての役目を果たす事が出来ました事を根元ノ糀に心より感謝致しております。

あとがき

令和元年十月十日に、正氣神道《セイキシントウ》は開教五十周年を迎えるに至りました。
私達総《ス》べての人間が、この現象界《ウツシヨ》地上での使命が終わり、元神《ゲンシン》して即座に神界で御親《ミオヤ》ノ神として働くためには、この地上で神学びを行っておく事が必要である事を皆さんに知って頂きたく、䄛《カミ》より教え導かれました事をまとめて本に致しました。

この五十年の間に神の子人間としての神学びを行い、多くの人々との交流や導きを通して、自分自身も根元《コンゲン》ノ䄛あるを実感し、䄛の普遍の愛も頂き御玉《ミタマ》を高める事の大切さを知り得ました事を根元ノ䄛に謝すと共に、小さな正氣神道を支え、御支援御協力下さった多くの会員の皆さま、この本を出版するにあたり力添えをして下さった皇久《コウジョウ》先生に心よりお礼申し上げます。

この本を通じて、皆さんに大宇宙の根元ノ䄛あるを知って頂ければ幸いです。

大宇宙《ダイウチュウ》の総《ス》べてを司《ツカサド》る
根元《コンゲン》ノ䘙《カミ》のお導《ミチビ》き

二〇二一年一月八日　初版印刷
二〇二一年一月二十日　初版発行

編　集　正氣神道《セイキシントウ》　久光《ジョウコウ》
制作・発売　中央公論事業出版
〒一〇一－〇〇五一
東京都千代田区神田神保町一－一〇－一
電話　〇三－五二四四－五七二三
URL　http://www.chukoji.co.jp/
印刷・製本／理想社

Printed in Japan ©2020 SEIKISHINTOU
ISBN978-4-89514-520-6
◎定価はカバーに示してあります。
◎落丁本・乱丁本はお手数ですが小社宛お送りください。
送料小社負担にてお取り替えいたします。